SIN TEMOR DE LO PROFUNDO

ENCONTRANDO EL TESORO DE DIOS EN LUGARES SECRETOS

GEORGE PANTAGES

George Pantages Ministries

Copyright © 2014

Sin Temor de lo Profundo

Impreso en los Estados Unidos de América

Por George Pantages

ISBN 978-0-9827695-9-1

Todos los derechos reservados exclusivamente por el autor. El autor garantiza a todos el contenido es original y no infringir los derechos legales de ninguna otra persona o el trabajo. Ninguna parte de este libro puede ser reproducida en cualquier forma sin el permiso del autor. Las opiniones expresadas en este libro no son necesariamente las del editor.

A menos que se especifique lo contrario, todos los pasajes de las Escrituras son extraídos de la versión Reina Valera Revisada.

Las palabras mencionadas en paréntesis cuadrados son referencias a palabras usadas en NKJV.

George Pantages Ministries

Cell 512 785-6324
geopanjr@yahoo.com
Georgepantages.com

INDICE

Capítulo 1
LO PROFUNDO LLAMA A LO PRORUNDO.   9

Capítulo 2
SIN TEMOR DE LO PROFUNDO............   23

Capítulo 3
NO TEMAS......................................   37

Capítulo 4
COSTOS OCULTOS...........................   51

Capítulo 5
EN PELIGRO DE PERDER
NUESTRA UNICIDAD........................   65

Capítulo 6
PECADOS PRESUNTUOSOS..............   81

Capítulo 7
NUNCA LO VI VENIR........................   95

Capítulo 8
JUGEMOS A LA GALLINA.................   107

Capítulo 9
EL PERDEDOR MAS GRANDE...........   121

Capítulo 10
FUERA DEL DESIERTO.....................   135

PROMOCIÓN

"Es muy fácil mirar de lejos la aflicción de los que sufren y darles una palabra de aliento."

Pero alguien que ha pasado por una enfermedad desde su niñez de poliomielitis, con parálisis, atrofia muscular, y últimamente sufrir el bloqueo de cinco arterias coronarias, un ataque al corazón, un derrame cerebral y una operación de corazón abierto; y que ha demostrado públicamente que ninguna de estas barreras lo han podido detener, es alguien completamente calificado por Dios para poder dar palabras de consejo, ánimo y sabiduría a los que necesitan ayuda en cualquier área de su vida.

George Pantages es alguien que vive "Sin Temor en lo Profundo," pues ha pasado valles de sombra de muerte, pero no ha tenido ningún temor, porque Dios ha estado con él.
Sus libros son altamente recomendables para aquellos que no saben el por qué de su situación, ni cómo salir de eso, ni dónde acudir en su necesidad.

El autor es un hombre que puede con su vida testificar que para Dios no hay nada imposible.

Jorge Mendizabal

DEDICACIÓN

Este libro está dedicado a un hombre que no he conocido por mucho tiempo, pero en cambio se siente como si lo he conocido toda mi vida. Pastor Jeffrey W. Arnold (Tío "Arnie") es un hombre de Dios que nunca pensé que lo conocería. Debido a su gran reputación en el ministerio y vivir alrededor de 1500 millas de distancia de mí en Texas, mis posibilidades de conocerlo eran casi cero.

Por supuesto que había oído hablar de este hombre dinámico de Dios, que era un poco en el lado "excéntrico" y realmente no estaba seguro de que incluso si estableciéramos una amistad pudiéramos caernos bien. Cuando recibí una llamada telefónica de él invitándome para a hablar en su iglesia en Gainesville, Florida realmente no estaba seguro qué esperar.

Cuando llegué allí lo que sucedió después fue totalmente asombroso. Cuando pasamos tiempo juntos después de cada servicio hablando de las cosas del Señor, se humilló a sí mismo por completo como un nuevo converso lo haría haciendo preguntas y preguntas acerca de los dones del Espíritu. Era como si hubiéramos cambiado posiciones, siendo yo él mentor y él estudiante. Por supuesto, su fama le había precedido y yo mismo tenía todo tipo de preguntas que quería preguntarle, pero nunca tuve la oportunidad de hacerlo. Era como un niño en una tienda de caramelos con el dinero suficiente para comprar lo que quisiera. Hice lo mejor que pude en explicar todo lo que yo sabía y él estaba realmente feliz de que yo estaba dispuesto a compartir lo que había aprendido sobre el tema.

Hay algo más que me gustaría mencionar, como resultado de nuestra visita. Por todas las cosas que se han dicho sobre él, tanto buenas como malas, vi a un hombre que está completamente enamorado de la Palabra de Dios. Donde quiera que vaya siempre lleva un gigante maletín repleto de libros. Cada vez que nos reuníamos en un restaurante para comer, llegaba allí más temprano y mi esposa y yo lo encontrábamos leyendo y estudiando la Palabra de Dios.

Tuvo un efecto tan profundo en mí junto con los CDs y videos que nos dio como muestra de su gratitud. Me di cuenta de que después de esta visita Dios había depositado en mí una mayor hambre por su Palabra. Creo que cualquiera que lea este nuevo libro encontrará un poco más de escrituras que mis libros anteriores.

Gracias Señor por traer a este excéntrico y alocado (hombre de Dios) a mi vida.

INTRODUCCIÓN

Cuando el Señor me dio el título de este libro, yo sabía desde el principio que iba a ser mi mayor reto. Sería el primer libro de 5 que tendría que escribir sin el uso de mensajes que había predicado en el pasado. Mis primeros cuatro libros tomaron vida usando mis notas de sermones que he predicado anteriormente. Esta vez, Dios me dio los títulos posibles sin ningún tipo de adelanto en cuanto a lo que los capítulos implicarían. Yo no sabía que el escribir un libro poco después de sufrir un derrame cerebral sería tan complicado. Fue hasta entonces cuando comprendí plenamente la complicación de los efectos que tuvo el derrame en mi proceso de pensamiento. Al principio yo estaba tan frustrado por tanto parar y re empezar que estuve muy cerca de parar el proyecto en su totalidad. Luché contra la negatividad como nunca he tenido que antes y por lo mismo cuando llegue muy cerca de poner punto final, el Señor me concedió la gracia suficiente para terminar ese pensamiento y seguir escribiendo. Cuando miro hacia atrás ahora en lo que el Señor me ha dado para escribir, los tres capítulos sobre la presunción eran revelaciones dadas al momento. No tenía ni idea de lo que este concepto se trataba hasta que Dios lo desarrolló ante mis ojos. Dicho esto me gustaría animar al lector a absorber estos pensamientos con la mente abierta. Tal vez no sean del todo claro todavía sin embargo cuento con Dios para terminar esta revelación a los que le buscan con mente y corazón abiertos. Deje que la oración de Samuel a Dios se convierta en nuestra mantra:

...Habla, porque tu siervo oye.

(1 Samuel 3:10)

RECONOCIMIENTO

Me gustaría aprovechar el tiempo para apreciar las siguientes personas por su contribución en la publicación de este libro:

Michelle Levigne - Editor de Inglés

Luis Villegas - Diseño de Portada

Hugo Escobar – Editor de Español

María Pantages - Traducción al Español / Composición Tipográfica

Su profesionalismo y experiencia se destacaron durante todo el proceso, por lo que mi escritura luce mucho mejor de lo que realmente es.

CAPÍTULO 1
LO PROFUNDO LLAMA A LO PROFUNDO

Un abismo llama a otro...

(Salmo 42:7)

El revela lo profundo y lo escondido; conoce lo que está en tinieblas, y con él mora la luz.

(Daniel 2:22)

El patrón para la procreación se estableció desde la fundación del mundo. Para aumentar en número, tanto de hombres como de animales tuvieron que procrear cada tipo según su especie. El proceso se ha realizado exitosamente sólo cuando macho y hembra de la misma especie se unieron. Si alguna vez hubo un caso para el matrimonio heterosexual, se encuentra aquí. Pero eso es otra historia quizá para otro libro. El patrón para la reproducción se estableció en concreto, sin embargo, no se limitó al mundo físico.

Un Patrón Espiritual de Reproducción

El mundo espiritual también tiene un patrón de reproducción, y para que funcione de manera efectiva tanto Dios como el hombre debe estar en la misma secuencia. Dicho esto, sólo es posible cuando Dios nos llama a la profundidad.

"¿Descubrirás tú los secretos de Dios? ¿Llegarás tú a la perfección del Todopoderoso?"

(Job 11:7)

Una de las mayores prioridades de Dios es descubrir las cosas profundas de las tinieblas.

El descubre las profundidades de las tinieblas, Y saca a luz la sombra de muerte.

(Job 12:22)

Nunca fue su intención de mantener su creación en la oscuridad. Proveer luz era una prioridad constante en la mente de Dios; una que traería bendición a Sus hijos. Si el ángel de las tinieblas; Satanás, iba a ser expuesto, tendría que ser a la luz. Todo lo de él se magnifica en las sombras. Parece más grande, más fuerte, más sabio, más experimentado y sin miedo en la oscuridad. La luz lo expone a la realidad, y en el mundo real es un perro que ladra más fuerte que lo que muerde. Él no puede respaldar sus amenazas porque no tiene autoridad para hacerlo. ¿Por qué entonces es que tiene tanto éxito contra nosotros? Le damos permiso para hacerlo, y por lo tanto cedemos nuestra autoridad a un poderío menor. Realmente no tenemos que renunciar a nuestra autoridad si sólo nos mantenemos a las promesas que Dios nos ha dejado para ayudarnos en nuestra adversidad. El salmista David nos dejó un mensaje para dejarle saber a nuestro enemigo qué es exactamente a lo que se está enfrentando. Tenemos que tomar las palabras de David en serio.

Jehová es mi luz y mi salvación; ¿de quién temeré? Jehová es la fortaleza de mi vida; ¿de quién he de atemorizarme?
(Salmo 27:1)

Llamado de Samuel a lo Profundo

Cuando el Señor decidió llamar a Samuel a un caminar más profundo con Él, respondiendo a ese llamado era más fácil decirlo que hacerlo. Samuel era sólo un niño, y al igual como la mayoría de los niños, tenía dificultades para discernir la voz de Dios. Su inexperiencia en asuntos espirituales estaba tan al punto de que cuando Dios comenzó a revelársele junto con su voluntad, él confundió la voz de Dios por la de Elí. Fue un caso clásico de presunción en su máxima expresión. Ni se le ocurrió que la voz pudiera ser de Dios. ¿Por qué? Debido a que él no entendía que Dios podía hablar en voz audible al hombre. Además, ¿por qué se tomaría Dios el tiempo para hablar con un joven, novato inexperto cuando había hombres más capaces para recibir órdenes tan importantes de Él? Después de un par de falsas alarmas de Samuel ponerse a disposición de Elí, el hombre de Dios se dio cuenta de que el Señor estaba tratando de comunicarse con el joven. Sus instrucciones para Samuel fueron simples:

......Entonces entendió Elí que Jehová llamaba al joven. Y dijo Elí a Samuel: Ve y acuéstate; y si te llamare, dirás: Habla, Jehová, porque tu siervo oye. Así se fue Samuel, y se acostó en su lugar.
(1 Samuel 3:8-9)

El mensaje entregado a Samuel estaba tan por encima de su nivel de pago que no sólo lo sorprendió también le angustió. El Señor había juzgado a su amo y el juicio iba a ser duro. Cada vez que he recibido un mensaje negativo de parte de Dios (gracias a Dios, no muchos) para otra persona, siempre ha angustiado mi espíritu. Ha habido momentos, al tratar de evitar mi responsabilidad, que mi sueño se ha quitado. Sin embargo, el mensaje tenía que ser entregado y sólo deje las consecuencias en las manos de Dios.

Desatrancar la Puerta

Desatrancando la puerta de lo profundo (es decir, sobrenatural), al igual que cualquier otra cosa, viene en etapas. El nivel más bajo se inicia en la etapa del oír. Por definición, el oír es estar al tanto de sonidos a través del oído.[1] Nuestra cognición en muchas situaciones incita la curiosidad. ¿Qué quiere decir esto? La falta de claridad limita la comprensión de muchos ministerios "hit and miss"(atinar y errar). Los mensajes recibidos en este nivel son muy generales y pueden ser interpretados de muchas maneras. El factor de "hit and miss" (atinar y errar) es tan intimidante que la mayoría no se arriesgan a lo profundo. Ser puesto en ridículo y ser causa de burla no es aceptable, por lo tanto, cualquier intento de ir más profundo en Dios se detiene en seco.

La segunda etapa consiste en escuchar. Escuchar requiere una audiencia y la comprensión de lo que alguien ha dicho y que es importante o verdadero.[2] Cuando el oír de Samuel se volvió a escuchar, eso produjo entendimiento de su tarea. Entendimiento trajo miedo, porque el mensaje recibido sólo traería sufrimiento a Elí. Los mensajes no entregados causan frustración, que conducen tormento, tensión y caos. Reteniendo en exceso causará estreñimiento espiritual, literalmente haciendo que el cuerpo se enferme. La aprensión se apaciguó solo cuando Samuel entregó las malas noticias a su amo.

La etapa final, la etapa menos visitada, es la etapa de conocer. Conocer muestra que usted tiene un conocimiento especial.³

...mas el pueblo que conoce a su Dios se esforzará y actuará.
(Daniel 11:32)

Daniel sabía de lo que estaba hablando. Sus hazañas no eran sólo grandes, fueron impresionantes también. Echa un vistazo a lo que Daniel fue capaz de lograr cuando Dios derramó de su gloria sobre su vida:

1) Al rechazar los alimentos suculentos del rey, él fue capaz de ser más saludable, limitando su dieta a legumbres.
2) No temía desafiar la orden del rey a orar a su Dios. Como resultado, fue arrojado al foso de los leones, sólo para salir de esa terrible experiencia completamente intacto.
3) Daniel pudo interpretar el sueño del rey sin saber siquiera lo que el sueño se trataba.

Si estos no son ejemplos de grandes hazañas entonces la luna está hecha de queso.

Cuando usted es capaz de ir más profundo en las cosas espirituales hay características que son únicas a su experiencia. Una de las características más importantes, si no la más importante, es cuando se aventuran a lo profundo, tu personaje tiene la oportunidad de ser moldeado a la imagen de Cristo. El equilibrio es inseguro debido a la suciedad y el lodo que son los principales culpables que causan que resbale. Dicho esto, resbalar y caer es cosa común en lo profundo. Debido que el caer provoca una falta de concentración, se pierden los mensajes importantes del cielo. Las instrucciones del trono de Dios son vagas y poco claras, en el mejor de los casos, por lo cual la capacidad de cumplir con nuestra tarea se hace mucho más difícil. Pasos inseguros causan incertidumbre. Cada movimiento y pensamiento se piensa dos veces y pensarlo dos veces conduce a vacilación, lo que conduce al doble ánimo.

Pero pida con fe, no dudando nada; porque el que duda es semejante a la onda del mar, que es arrastrada por el viento y echada de una parte a otra. No piense, pues, quien tal haga, que recibirá cosa alguna del Señor. El hombre de doble ánimo es inconstante en todos sus caminos.

(Santiago 1:6-8)

Olas sacudidas por el viento no tienen control sobre su destino. Cualquier dirección que el viento está soplando determinará la dirección donde esas olas se moverán. A diferencia el hijo de Dios lleno de Su Espíritu, conoce la dirección hacia dónde va pero también confiado al saber que dando el completo control al Maestro, va a llegar a su destino final como prometido.

El cuidado de Cristo por nosotros es de tan largo alcance que su principal objetivo al dirigir nuestras vidas, es prevenir que caigamos.

Y a aquel que es poderoso para guardaros sin caída, y presentaros sin mancha delante de su gloria con gran alegría,

(Judas 1:24)

Si eso no te inspira a hacer grandes cosas para Dios, nada lo hará. Imagine la determinación de nuestro Señor que tiene para mantenernos cada vez mejor. Él irá a los confines de la tierra, pasando todo el tiempo necesario para que no tropecemos. Él es tan ferviente en su deseo de vernos tener éxito, Él seguirá trabajando a nuestro favor hasta que sea hora de presentarnos a Dios en gloria. Es su mayor deseo en el día de juicio mirar a una novia sin mancha y sin arruga, Conociendo que su trabajo sin fin en la tierra ha pagado grandes dividendos en el cielo. La mejor parte de sus esfuerzos serán recompensados en el día de juicio, mientras que Él nos escolta a la gloria del cielo, con gran alegría.

Entre más profundo entra uno a la presencia de Dios, lo más que se animara a deferir sus debilidades. En un mundo sin Dios controlado por Satanás mismo, dejando que nuestras debilidades nos controlen en nuestro diario vivir es una tontería. Mire lo que el apóstol Pablo se tomó el tiempo para escribir a los que estaban en serio acerca de servir a Dios de todo corazón.

Por lo cual, por amor a Cristo me gozo en las debilidades, en afrentas, en necesidades, en persecuciones, en angustias; porque cuando soy débil, entonces soy fuerte.
(2 Corintios 12:10)

No era tanto que el apóstol era masoquista, tratando de auto - infligir miseria y dolor sobre su vida. Por otro lado, su sabiduría vino en saber que como las adversidades comenzaron a acumularse en su vida, su Dios era capaz no sólo de hacerse cargo de la situación, sino que también podría traer el resultado deseado, ya que todo se puso en manos de Dios. En el diccionario de Dios, débil puede significar fuerte! El sufrimiento por la causa de Cristo fue la forma entendida que Dios usó para construir su reino y sus seguidores estaban dispuestos a soportar, por lo que también podrían seguir el ejemplo dado por el Maestro.

Un Dolor que Vale la Pena Sufrir
En junio del año pasado (2013), mientras estábamos ministrando en California, sufrí un accidente doloroso,

mientras corría. En el pasado me había caído tal vez unas dos veces en veinticinco años de ejercicio. Esta vez sería diferente. El dolor inmediato en mi rodilla derecha no podía dejar de doler. Caminé con una cojera y cada paso era insoportable. La hinchazón era tan grande que parecía que mi rodilla derecha iba a explotar. Literalmente, creció hasta el tamaño de una pelota de softball. No había nadie alrededor para venir a mi rescate y me vi obligado a cojear de nuevo al carro, casi llorando. Nunca había sufrido una lesión tan grave y dolorosa que llegué muy cerca de cancelar el resto del avivamiento de tres días que había empezado la noche anterior. Conforme pasó el tiempo, pasando el resto de la tarde tratando de disminuir el dolor, sólo empeoró. Nunca había cancelado una avivamiento antes, pero en el fondo de mi mente yo seguía diciendo a mí mismo que siempre había una primera vez. El Señor comenzó a tratar conmigo, pero en lugar de la sanidad que estaba esperando, Él no sólo me animó a ir a la reunión, sino qué él decidió que la sanidad tendría que esperar para después. Llegué cojeando con dolor punzante, haciendo mi camino a la iglesia. No pasó mucho tiempo para que yo entendiera por qué Dios era tan insistente que yo cumpliera con mi cita. Cuando llegó el tiempo de sanidad, había una joven visitando por primera vez que había llegado al santuario con el uso de una silla de ruedas. Algo en mi espíritu dijo que esta noche iba a ser su noche. Todo y cada movimiento detrás del púlpito causaba un dolor tan grande que era muy difícil concentrarme en el mensaje. Dicho esto, le dio a Dios la oportunidad de tomar por completo el control de lo que tenía que decir. Con una unción especial que cayó sobre mí, tuve la oportunidad de completar mi tarea, y a manera que el servicio avanzaba llegamos al punto donde estaríamos ministrando a los enfermos. Decidí dejar a la joven en la silla de ruedas para el final, con la esperanza de que a medida que el servicio avanzara el nivel de fe aumentaría a producir un milagro. Cuando por fin llegué a ella, le pregunté lo que ella estaba sufriendo y ella respondió con una enfermedad que nunca había oído. "Tengo mielitis transversa, " dijo exclamando. Más tarde me entere que se trataba de un proceso inflamatorio de la médula espinal. La inflamación causaba debilidad y entumecimiento de las extremidades, así como carencias sensoriales y del esfínter. En algunos casos hay una parálisis casi total y pérdida sensorial producida debajo del nivel de la lesión.[4] Pero su cuerpo se había deteriorado hasta el punto de que caminar sin el uso de la silla de ruedas era imposible. El dolor en sus extremidades inferiores sólo añadía al problema.

Cuando le pregunté qué quería que Dios hiciera por ella esa noche, ella respondió: " Por favor, pídale que quite el dolor. "

Oré como ella pidió y Dios inmediatamente le quitó todo dolor en su cuerpo. Sus emociones comenzaron a obtener lo mejor de ella cuando las lágrimas comenzaron a caer. El Señor quería seguir, así que fui un poco más allá y le pregunté esto. "¿No te gustaría que Dios te sane para que puedas caminar?"

Con una mirada de asombro en su cara, ella no estaba segura de cómo responder. Nunca en sus imaginaciones más locas pensó que sería posible. Con su permiso, oré de nuevo. Pedí que ujieres le asistieran a ponerse de pie, inmediatamente rompió en llanto. No se había puesto de pie, sosteniendo su propio peso por años, y este acto de Dios nunca había entrado a su pensamiento en lo absoluto. Ella estaba tan azorada por como Dios había tocado su cuerpo, sintió que era suficiente por una noche. Permití que se sentara y para el resto del servicio tenía una mirada perpleja, junto con lágrimas incontrolables que expresaban su gratitud.

Por todo lo que tuve que soportar físicamente, me acuerdo de caminar fuera del servicio esa noche tan deslumbrado por mi Dios, era simplemente inexplicable. Mi dependencia de Dios esa noche era evidente y nadie podría negar Su poder y gracia, sobre todo mirando mi impotencia física. Dios verdaderamente tomó cargo de la situación y creó un milagro increíble.

Dios no Ruega

El llamado a un caminar más profundo con Dios es algo extraño en que Él no va rogar a nadie por una audiencia con el Rey.

> *Él le dijo: Sal fuera, y ponte en el monte delante de Jehová. Y he aquí Jehová que pasaba, y un grande y poderoso viento que rompía los montes, y quebraba las peñas delante de Jehová; pero Jehová no estaba en el viento. Y tras el viento un terremoto; pero Jehová no estaba en el terremoto. Y tras el terremoto un fuego; pero Jehová no estaba en el fuego. Y tras el fuego un silbo apacible y delicado.*
> (1 Reyes 19:11-12)

Movimientos demostrativos de Dios harán captar la atención de cualquier persona, ya sea creyente o pecador. La demostración no necesariamente garantiza un andar más íntimo con Dios. De hecho, las personas respondiendo a un acto milagroso del Señor encuentran que la reacción es sólo temporal. El alboroto creado por todo el ruido desaparece cuando el ruido en sí se apaga. Recuerdo una declaración que mi primer pastor hizo, que en ese momento yo no entendía. Él declaró que el verdadero avivamiento en la iglesia no garantiza un crecimiento real en los números. En realidad, dijo que el avivamiento siempre trae un cernir a la iglesia. Habrá algunos que se acerquen más a Dios y su caminar se hace más profundo. Por otro lado, una vez que el ruido se calma, los que dependen de Dios moviéndose de esa manera se sienten decepcionados cuando se dan cuenta que esto era nada más que una compuesto espiritual. En el pasado, he visto muchos abandonar su caminar con el Señor, al mismo tiempo que otros han sido alentados suavemente a intensificar su fidelidad, con el objetivo principal de conocer a Dios de una manera más personal. Si la demostración del Espíritu de Dios fuera una garantía de un andar más íntimamente con Él, nuestras iglesias se llenarían sin espacio que sobrare. Por el contrario, en estos últimos días, encontrar personas fieles e iglesias llenas hasta los topes es cada vez más difícil día por día.

Sin Silbatos y Campanas Aquí

Cuando Dios quiere hacer algo, él no recurre a métodos atrayentes y ruidosos. El utilizará un método que sólo aquellos sensibles a Su Espíritu puede responder: un silbo apacible y delicado. Esa voz no es necesariamente una audible, sin embargo, es lo suficientemente reconocible para saber que el Rey de la gloria nos está hablando. Una cosa extraña que me ha pasado desde que el sufrimiento de mi derrame cerebral el año pasado (2013). Tengo la capacidad de escuchar conversaciones a mí alrededor, mientras que al mismo tiempo es difícil de oír exactamente lo que otros dicen en la misma mesa que estoy sentado. A veces, después que las conversaciones han terminado le pregunto a mi esposa si la persona con quien habíamos estado conversando hablaba en tono bajo porque yo tenía mucha dificultad en entender lo que estaban diciendo. Muchas veces su respuesta ha sido que todo estaba normal y que sólo tenía que hacer un mejor esfuerzo para prestar atención a la conversación. Sé que hay momentos en que tengo la habilidad de distraer la mente (un talento mío secreto) cuando prefiero, pero en este caso no tengo ningún control sobre lo que se está diciendo en toda la habitación. Es como si mi audiencia se convirtiera en biónica y hay todo tipo de conversaciones que no necesito escuchar. Sé de qué los perros, y tal vez otro tipo de animales, tienen la capacidad de escuchar sonidos en un tono diferente que nosotros, cosa que seres humanos no podemos. Otra habilidad que nosotros, como humanos encontramos extraño es la capacidad del animal para detectar con anticipación cuando un terremoto ocurrirá. Estas características únicas de los animales son muy similares al oído sensible de un hijo de Dios. Han habido ocasiones en que inquietud ha caído sobre mí y no tiene nada que ver con lo que está pasando en frente de mí o de mí alrededor. Esta incomodidad no puede ser fácilmente evadida, y he aprendido a lo largo de muchos años a detener de inmediato lo que estoy haciendo y encontrar un lugar para orar. Ha habido momentos después de este incidente que mis hijos han llegado a pedirme perdón, y al mismo tiempo dándome las gracias por ser un hombre de oración. Ellos me cuentan situaciones adversas que fueron cortadas de raíz, simplemente porque el Espíritu del Señor vino sobre ellos, y les advirtió de escapar mientras aún era posible. Cuando les he preguntado de más o menos la hora del día en que estos hechos ocurrieron, estoy asombrado de enterarme la cantidad de veces que era el mismo tiempo que mi inquietud me puso de rodillas. Yo no sabía en ese momento en concreto lo que estaba pasando, pero yo sabía lo suficiente sobre el peligro en el que se encontrarían si no intercedía por ellos.

Pero Dios nos las reveló a nosotros por el Espíritu; porque el Espíritu todo lo escudriña, aun lo profundo de Dios.

(1 Corintios 2:10)

Cada vez que alguien me dice que no hay virtud en pasar tiempo a solas en la presencia de Dios, me doy cuenta de que en realidad nunca se ha ido lo suficientemente profundo como para disfrutar de los beneficios. Miren lo que Dios está dispuesto a darnos si nos dejamos absorber por las cosas profundas que Dios ha preparado para Sus hijos.

> *y te daré los tesoros escondidos, y los secretos muy guardados, para que sepas que yo soy Jehová, el Dios de Israel, que te pongo nombre.*
>
> (Isaías 45:3)

El Deseo Incesante de Dios

El Señor tiene un incesante deseo de revelar cosas profundas y secretas a nosotros. No necesitamos sentirnos mal de pedirle algo que él se muere por compartir con cualquiera que quiera ir un poco más profundo con Él hacía las cosas de Dios. La oscuridad de lo profundo no es un secreto para Él, y Él está dispuesto a compartir las verdades impalpables que abren la puerta de Su almacén. La palabra nos recuerda constantemente de un tesoro escondido que está disponible para aquellos que se aventuran más profundo. Las cosas profundas de Dios nos llaman a una relación más profunda con Él; Mientras tanto su llamada está cayendo en oídos sordos.

> *para que sean consolados sus corazones, unidos en amor, hasta alcanzar todas las riquezas de pleno entendimiento, a fin de conocer el misterio de Dios el Padre, y de Cristo, en quien están escondidos todos los tesoros de la sabiduría y del conocimiento.*
>
> (Colosenses 2:2-3)

Hay un tesoro que disfrutar en el reino de Dios, espléndido y sin límites si tan solo estamos dispuestos a ir un poco más profundo. ¿No cree que ya es hora de ir un paso más allá y más profundo en su conocimiento de las cosas espirituales? ¿No está usted todavía cansado de una vida de oración de (atinar y errar)? Hay un llamado para usted de las profundidades, mi amigo. Es un llamado que cambiará su vida para siempre. Dios está llamando. ¿No prefiere venir más profundo?

CAPÍTULO 2
SIN TEMOR DE LO PROFUNDO

El descubre las profundidades de las tinieblas, Y saca a luz la sombra de muerte.

(Job 12:22)

Existe una conexión entre la profundidad y la oscuridad; van mano a mano. Entre más hondo entre a lo oscuro, más oscuro se vuelve. Ya sea que entre a los océanos, el espacio, o una cueva, Lo profundo y lo oscuro pasan mucho tiempo juntos. Usted puede ir de la rutina diaria familiar hasta los desvíos desconocidos en el camino que parecen no tener fin. Dicho esto, lo desconocido siempre trae consigo una buena cantidad de temor.

Estoy hundido en cieno profundo, donde no puedo hacer pie; He venido a abismos de aguas, y la corriente me ha anegado.

(Salmo 69:2)

No existe un paso fijo y llorar sólo empeora las cosas. Cuando nuestro mayor sentido, nuestra vista, es quitado nos sentimos impotentes, y no sólo perdemos nuestro camino, sino además nuestra confianza también. En el reino físico dependemos demasiado en nuestra vista y los otros sentidos que Dios nos ha dado nunca se desarrollan completamente. Más que nunca se atrofian ante nosotros, y nunca se convierten en las armas con las cuales Dios originalmente nos armó, no sólo para tener éxito en Él, sino para ser bendecidos también. La mirada en el reino espiritual es sobreestimada porque hay situaciones que nos encontraremos en las cuales nuestros ojos nos engañaran, y por lo tanto a veces en asuntos espirituales no nos ayudan ni un poco. Hay una razón en particular por la cual Dios nos dirigirá a las profundidades y es descubrir las cosas profundas que no se pueden ver a simple vista. He escrito la siguiente declaración en libros anteriores, pero vale la pena repetirlo. **Dios no esconde Bendiciones de nosotros, sino más bien para nosotros.** Debemos estar dispuestos a ser guiados a lugares donde muchos no irán, a superar obstáculos a medida que avanzamos más y más profundamente en el mundo espiritual. Lo qué se esconde en las sombras es sólo un espejismo puesto allí para asustarnos. Se proyecta, más grande de lo que realmente es para paralizarnos y para impedirnos de los destinos llenos de bendición que Dios tiene reservado para nosotros, sus hijos. Una vez que el obstáculo es desenmascarado en la luz es expuesto como un fraude débil, no puede competir con nuestro Dios. Los beneficios espirituales comenzarán con revelaciones que Dios desenvolverá, ayudándonos a ser más eficaces en el reino de Dios. Dios es selectivo a quien Él llama a seguirle a un conocimiento espiritual más profundo. El Señor no va a perder su tiempo en aquellos que tienen una agenda personal y en sus ojos no necesitará la ayuda de Dios para resolver las cosas. Dios usará misterios y/o parábolas para excluir a aquellos que no están totalmente convencidos al plan del Maestro.

Entonces, acercándose los discípulos, le dijeron: ¿Por qué les hablas por parábolas? El respondiendo, les dijo: Porque a vosotros os es dado saber los misterios del reino de los cielos; mas a ellos no les es dado. Porque a cualquiera que tiene, se le dará, y tendrá más; pero al que no tiene, aun lo que tiene le será quitado. Por eso les hablo por parábolas: porque viendo no ven, y oyendo no oyen, ni entienden.
(Mateo 13:10-13)

Una vez que se elimina lo que no es útil, el Señor puede continuar trazando sus estrategias para la salvación de este mundo. Con este método de reclutamiento, Él puede concentrarse en los asuntos más importantes a la mano, entrenando y guiando a sus discípulos a continuar con el deseo de su corazón, que es la salvación de un mundo perdido.

Hay otra razón por la que Dios nos dirige a las oscuridades exteriores, y no tiene nada que ver con mantener a sus hijos bajo su pulgar. Somos dirigidos en esa forma para que podamos ser capaces de descubrir las cosas profundas que no se pueden ver. Es de suma importancia que podamos estar dispuestos a ser dirigidos a lugares donde muchos no están dispuestos a llegar. Los obstáculos que hay que superar a medida que profundizamos en Él están con frecuencia allí para desafiarnos, y se deben considerar como algo común. Lo qué se esconde en lo profundo, entonces, es sólo un espejismo puesto allí para asustarnos. Estos espejismos se proyectarán más grandes de lo que realmente son para paralizarnos y no utilizar las armas espirituales con que Dios nos ha armado. Una vez que los obstáculos son desenmascarados en la luz, que se exponen como un fraude débil, en realidad no son rival para nuestro Salvador. ¿Cuáles son exactamente los beneficios espirituales, cuando todo esto se pone en juego? A este punto, el Señor tiene la oportunidad de permitir que su revelación se desarrolle y sea más eficaz en su reino. Dejamos el nivel de novato atrás, graduando a un lugar donde las señales y prodigios prometidas en Su Palabra se convierten en algo común, produciendo resultados dinámicos. En este momento el Señor tiene la oportunidad de desenmascarar los diversos obstáculos con que hemos tropezado, para ser descubiertos a la luz.

La Mujer Junto al Pozo

Nos encontramos con una historia fascinante en el libro de Juan en el capítulo 4 sobre una mujer que viene a sacar agua en el Pozo de Jacob. Eran como las 4 de la tarde, en que encontramos a Jesús comenzando una conversación con esta samaritana. Ella se sorprendió por el hecho de que Él, siendo un hombre judío, entablara una conversación, no sólo con una mujer, sino una mujer samaritana además. En aquellos tiempos se consideraba inadecuado para cualquier hombre, especialmente un hombre judío, a hablar en público con una mujer extraña (Juan 4:27). Sin duda, la sorprendió cuando le pidió un vaso de agua.

La mujer samaritana le dijo: ¿Cómo tú, siendo judío, me pides a mí de beber, que soy mujer samaritana? Porque judíos y samaritanos no se tratan entre sí.

(Juan 4:9)

Su respuesta a ella la agarró completamente desprevenida. Observa cómo el Señor tejió su camino para ir abriendo su apetito acerca de asuntos espirituales.

Respondió Jesús y le dijo: Si conocieras el don de Dios, y quién es el que te dice: Dame de beber; tú le pedirías, y él te daría agua viva.

(Juan 4:10)

Esa declaración la golpeó justo entre los ojos. Si ella no estaba completamente impresionada por la conversación inicial, entonces Su última declaración tuvo que hacerlo. Mientras meditaba en su mente a donde se dirigía el Señor con esto, estas cosas tendría ella que considerar. Estos fueron los obstáculos que en última instancia desafiaran su fe.

1. ¿Judíos nunca tenían ningún trato con samaritanos, entonces por qué fue esta conversación inclusive iniciada?
2. Maestros nunca se dirigían a las mujeres en público
3. ¿Por qué estaba Jesús dispuesto a romper estas leyes sólo para hablar con ella?

Sólo había una cosa pasando por la mente de Jesús y Él estaba dispuesto a llevarla a un conocimiento espiritual más profundo. Esto sólo fue posible cuando Él fue capaz de despertar su curiosidad. Estaba decidido a revelar el plan de salvación removiendo la oscuridad de su vida. Inmediatamente su mecanismo de defensa se hizo presente y le contestó una objeción pesimista.

La mujer le dijo: Señor, no tienes con qué sacarla, y el pozo es hondo. ¿De dónde, pues, tienes el agua viva? ¿Acaso eres tú mayor que nuestro padre Jacob, que nos dio este pozo, del cual bebieron él, sus hijos y sus ganados?

(Juan 4:11-12)

Su falta de entendimiento no desanimó al Maestro. El entonces cambió la conversación a un nivel de comprensión que no sería malinterpretado. Es increíble lo versátil que era el ministerio de Jesús, en que Él tenía una habilidad innata para llegar al nivel de comprensión de aquellos que Él ministraba. Él sabiamente le reveló sus fracasos anteriores en el matrimonio y también que el hombre con el que estaba viviendo en la actualidad, en realidad, no era su marido. Enfrentando esa revelación, de repente, finalmente le prendió el foco. Ella había sido completamente impresionada por este hombre de Dios y de inmediato Lo dejó para regresar y decir a los demás que había encontrado al Mesías.

Los recursos del Señor siempre irán más allá de nuestra comprensión. El salmista David lo expresó de esta manera, cuando escribió en el Salmo 92:

!Cuán grandes son tus obras, oh Jehová! Muy profundos son tus pensamientos. El hombre necio no sabe, Y el insensato no entiende esto.

(Salmo 92:5-6)

Oh Señor, no dejes que me convierta necio o insensato. Llévame más profundamente en Tu sabiduría y entendimiento y Te conoceré como realmente eres.

Nuestro Mayor Temor: Presunción

Por definición, presunción no es más que sobrepasar nuestros límites o autoridad, lo que se hace sin permiso o buena razón.[5]

Mas la persona que hiciere algo con soberbia [Presunción], así el natural como el extranjero, ultraja a Jehová; esa persona será cortada de en medio de su pueblo.

(Números 15:30)

Habrá situaciones en nuestra vida en la que la falta de experiencia y/o la falta de preparación causarán un resultado lejos de lo deseado, pero por otro lado nunca deje que nuestros esfuerzos puedan considerarse presuntuosos. El actuar sin pensar, una mentalidad de inconformidad, decisiones precipitadas, el egoísmo y egotista mal usando nuestros dones, son ejemplos de armas utilizadas por personas presuntuosas. Las etiquetas mencionadas anteriormente siempre los siguen y son un símbolo de inmadurez espiritual.

Presunción Debe Ser Reemplazada por Fe

Para ser usado poderosamente por Dios en lo milagroso, tiene que estar dispuesto a sustituir a la presunción del Antiguo Testamento con la fe del Nuevo Testamento. Presunción siempre ha tenido una mala reputación, pero por las razones equivocadas. Líderes de generaciones pasadas fueron más allá de su autoridad asustando a cualquiera que tratara de caminar por fe, suponiendo que caminar era, en realidad, la presunción. La declaración, "Más te vale saber lo que estás haciendo", puso tal obstáculo en los santos de Dios dispuestos a dar pasos de fe y el resultado final fue una generación de cristianos que no se mueve por Dios a menos que hubiera un 100 por ciento de garantía que Dios cumpliera con el resultado deseado. Eso, mi amigo, no es fe.

Por otro lado, hay otros cristianos que son movidos por sus emociones, o supuestamente grandes ideas, tratando de usar la lógica, convenciéndose a sí mismos de que lo que les gustaría lograr en Dios es una buena cosa. Una buena obra es sólo una buena obra cuando Dios nos ha mandado a hacerlo, cualquier cosa menos no es más que presunción. El resultado final es desastrosa en lo que Dios no tiene la obligación de ayudarnos porque Él no estaba en eso desde el principio, de todos modos. Dicho esto, cuando fallamos miserablemente en nuestros esfuerzos para agradar a Dios, el mal entendido, el dolor y la confusión convierten nuestros esfuerzos futuros de tomar pasos de fe a casi nada.

Entrenamiento de Pedro

Fue el máximo deseo de Jesús de compartir con sus discípulos las cosas profundas de Dios. Por supuesto, esto sólo sería posible tomando tiempo para entrenarlos. Desde el primer momento, Jesús les animó continuamente a profundizarse en las cosas de Dios. En Lucas capítulo 5 , nos encontramos con un ejemplo de una de esas sesiones de entrenamiento.

Cuando terminó de hablar, dijo a Simón: Boga mar adentro, y echad vuestras redes para pescar.

(Lucas 5:4)

Las instrucciones a Pedro de los labios de Jesús eran absurdas en varios niveles. La orden de ir más profundo al mar, y echad las redes era algo que él había estado haciendo por un buen rato, sin ningún éxito. Pérdida de tiempo y esfuerzo era todo lo que podía derivar de la orden del Maestro, sabiendo que Jesús no sabía nada acerca de la pesca. Me imagino a Pedro dándose la vuelta con la espalda a Jesús, preparando para lanzarse como le fue instruido, y al mismo tiempo poniendo los ojos en blanco con incredulidad. Pero había algo en la voz de Jesús que convenció a Pedro para hacer un intento. Sin decir una palabra más, al tiempo que Pedro estaba terminando sus órdenes, la abundancia de los peces capturados fue impresionante. La Escritura no dice esto, pero me puedo imaginar a Pedro con una expresión boquiabierto en su rostro que decía: " ¿Cómo hizo esto?" Por supuesto, sin pronunciar una palabra, la sonrisa de Jesús lo decía todo: ¡Es nomas lo que yo hago!

El entrenamiento era de continuar con Pedro, y por supuesto eso significaba ir más profundo en las cosas de Dios. En Mateo 14:23-27, encontramos otra situación en la que se pone la fe de Pedro a prueba. A medida que se pusieron en marcha su barco desde la costa, por cualquiera que fuera la razón, Jesús no estaba en el barco. Mientras que el barco estaba llegando a la parte más profunda del mar, en la parte más oscura de la noche, una tormenta comenzó a surgir. Lo qué estaba pasando en ese momento no era nada inusual, ya que siendo pescadores habían resistido muchas tormentas en el pasado. En el apogeo de la tormenta, al mirar desde el barco, vieron a Jesús acercarse a ellos, caminando sobre el agua. Es a este punto que Pedro tuvo la oportunidad de brillar.

Entonces le respondió Pedro, y dijo: Señor, si eres tú, manda que yo vaya a ti sobre las aguas.
(Mateo 14:28)

Se había acordado de su primera experiencia en lo profundo y su fe había crecido para permitirle el valor de salir del barco. Cuando quitó sus ojos de Jesús, comenzó a hundirse, y el Señor tuvo que rescatarlo de las aguas profundas. Lección aprendida: cuando se aventuran fuera a lo profundo, hay que mantener los ojos siempre en Jesús!

Pedro Toma el Examen de Amor

El ejercicio final del entrenamiento de Pedro fue de verse a sí mismo como realmente era. Él nunca realmente se miró a sí mismo como una persona presuntuosa, pero presunción estuvo siempre al frente de sus errores.

Jesús le dijo: De cierto te digo que esta noche, antes que el gallo cante, me negarás tres veces.

(Mateo 26:34)

Pedro entró inmediatamente en un manojo de nervios y garantizó a Jesús que Sus palabras no se cumplirían. Estaba tan convencido que el resto de los discípulos unieron fuerzas, y según sus palabras estaban dispuestos a seguir a Jesús a la muerte. Cuando el desenlace se desarrolló de la manera en que Jesús lo había predicho, como resultado Pedro lloró amargamente. Verse a sí mismo en la forma en que realmente es; a veces puede ser devastador y en el caso de Pedro le dejó sintiéndose inútil.

Él todavía estaba sintiendo los efectos posteriores de su fracaso cuando Jesús fue crucificado, tanto es así que después de que el drama de la crucifixión había terminado, volvió a la pesca. Había quedado completamente devastado por su falta de fortaleza en lo que más importaba en su vida. Cuando realmente contaba, sus palabras no significaban nada y era difícil aceptar la verdad. Cuando Jesús vino a llamarlo de nuevo, lo desconcertó. Entonces Jesús le preguntó a Pedro la misma pregunta tres diferentes veces. El verdadero significado de la respuesta de Pedro se pierde en la traducción en español, porque verdaderamente la lengua griega en este caso usa dos palabras diferentes para el amor, **philia** y **ágape**. La palabra amor se repite tres veces en la conversación, sin embargo, la última vez que Jesús hizo la pregunta de la palabra amor se tradujo (**philia** no **ágape**) queriendo decir por lo menos me amas como amigo? Aunque la respuesta de Pedro fuera un sí, sería lo suficientemente bueno para ser aceptado por Dios. Entonces la decisión fue puesta en las manos de Pedro. Si la revelación iba a ser una parte normal de su ministerio, él tendría que seguir haciendo un esfuerzo para encontrar su camino a lo profundo, confiando en Dios a cada paso del camino.

El día de Pentecostés llegaría a ser como una fiesta de presentación en el ministerio de Pedro. Cuando los 120 adoradores recibieron el bautismo del Espíritu Santo, por primera vez, causando un alboroto en toda la ciudad. Como la confusión continuó creciendo entre los espectadores, alguien tenía que venir a la delantera y explicar exactamente lo que estaba pasando. Esta responsabilidad finalmente cayó sobre los hombros de Pedro. Es entonces cuando él, junto con los otros discípulos, se levantó y predicó su famoso mensaje de Hechos 2:38. El mensaje era dinámico y los resultados fueron aún más en que 3000 fueron no sólo bautizados en agua en el nombre de Jesús, sino también recibieron el bautismo del Espíritu Santo, por primera vez, hablando en lenguas.

La Iglesia Tiene Miedo de lo Profundo

El cuerpo de la iglesia en conjunto tiene miedo de lo profundo, escondiéndose detrás de la excusa de la presunción. Los jóvenes que están escalando en los niveles Pentecostés se les están prohibiendo por la generación mayor de lanzarse a lo profundo a través de sus tácticas de intimidación. Estos jóvenes cristianos que tratan de extender sus alas se desaniman al hacerlo, y todo lo que ellos están oyendo decir es, "Más vale que te asegures que sabes lo que estás haciendo y que es de Dios." "Es muy arriesgado y difícil de mantenerse nivelado." "Nomás te vas a desequilibrar y, finalmente, estrellarte y convertirte en una vergüenza para todos." la fe no se trata de estar seguro que la tarea dada a usted será un éxito. La fe tiene que ver con escuchar la voz de Dios, y no importa cuáles sean las circunstancias que sean, ser obedientes a esa voz.

He hecho amistad con un hombre de Dios, cuya reputación de ser un gran predicador le precede. Su nombre es Jeffrey W. Arnold, quien pastorea la Iglesia Pentecostal Unida en Gainesville, Florida. No importa a dónde va por todo el mundo, el Espíritu de Dios va con él, y de forma dinámica. La revelación en sus mensajes es simple pero profunda. Él es muy criticado por muchos por su estilo único de presentación porque no es lo que se le llama "apropiado" que un hombre de Dios debe predicar. Yo creo, y puedo estar equivocado, que Dios ha permitido toda esta adversidad para que cuando su mayor desafío se desenvuelva, él estaría listo para la pelea. El Señor ha tocado su corazón para poner a un lado lo que es normal y entrar más profundamente en Dios para traer una mejor comprensión de lo que son los dones del Espíritu a la Iglesia. Debido a esta hambre recién descubierta que a veces le ha mantenido despierto en la noche, decidió indagar mi cerebro para ver si los secretos que se desarrollan lentamente sobre los Dones podrían desarrollarse más rápidamente en su vida. Él me invitó a predicar en su iglesia en la Florida, y cuando hablábamos de ese tema, yo estaba completamente anonadado por su humildad. Si alguien más nos hubiera visto conversando, usted hubiera pensado que yo era el mentor y él era estudiante. Se humilló a sí mismo para aprender cualquier cosa que pudiera aportar más claridad sobre este tema y, por consecuencia lanzar la precaución al viento. Si iba a fracasar, sería el fracaso por comisión y no por omisión. Muchos de sus compatriotas le han advertido que no se exponga en estos territorios altamente inestables. Otros, dicen, lo han hecho en el pasado, sin éxito, y en consecuencia sus ministerios han quedado realmente por los suelos.

Una Respuesta Inesperada

Recuerdo la emoción que mostró cuando estaba contando un testimonio de una sanidad milagrosa. Él había ido al extranjero para ministrar en una conferencia, y cuando llegó el momento del llamado al altar había cuatro personas sordas que habían llegado al altar, buscando su sanidad. En pocas palabras, después de haber orado al Señor abrió milagrosamente sus oídos y podían oír perfectamente. Cuando regresó a los Estados Unidos, de inmediato comenzó a decirles a algunos amigos de los resultados que tuvo en Inglaterra. Un amigo entre los muchos le cambió de inmediato el tema, hablando de un juego de golf. Inicialmente, Pastor Arnold pensó que tal vez había comunicado mal el mensaje. Después de repetirlo de nuevo y tener los mismos resultados, fue sorprendido por los comentarios. Lo que vino después fue aún más desconcertante. Ese hombre rotundamente le aconsejó no involucrarse en esa "porquería.". Demasiados hombres buenos en el pasado habían entrado a lo profundo, se habían ahogado, perdiendo todo lo que habían acumulado. Sus vidas, ministerios, sus matrimonios y familias, así fueron arrojados a la orilla del camino a causa de sus malas decisiones. Ni que decir, Pastor Arnold termino la conversación un tanto consternado.

En una Encrucijada

Estando en la encrucijada, una vez más en su ministerio, la decisión tenía que ser hecha. ¿Voy a mantenerlo simple y sencillo, jugar a lo seguro, o voy a estar dispuesto a lanzarme a las aguas más profundas? La decisión de pasar a una relación más profunda con Dios le ha costado, y seguirá haciéndolo a medida que avanza cada vez más profundo. Pero este es el tipo de hombre que Dios está buscando en esta última hora, uno que no tiene miedo de las profundidades.

El descubre las profundidades de las tinieblas, Y saca a luz la sombra de muerte.

(Job 12:22)

Estaba en el plan de Dios desde el principio el descubrir lo profundo de la oscuridad. Si eso es cierto, y sabemos que es así, entonces ¿por qué tenemos tanto miedo de las profundidades? Trayendo las sombras de la oscuridad hacia la luz es su especialidad. ¿Por qué quitar a Dios y limitar su capacidad para bendecirnos? Es el momento de lanzarse a aguas más profundas para que Dios pueda mostrar Su poder en nuestras vidas.

CAPÍTULO 3
NO TEMAS

...*No temas, porque yo te redimí; te puse nombre, mío eres tú. Cuando pases por las aguas, yo estaré contigo; y si por los ríos, no te anegarán. Cuando pases por el fuego, no te quemarás, ni la llama arderá en ti. Porque yo Jehová, Dios tuyo, el Santo de Israel, soy tu Salvador...*

(Isaías 43:1-3)

La frase "no temas" aparece sesenta y tres veces en la versión King James de la Biblia. Es sorprendente darse cuenta de que se pone más énfasis en no temer a las circunstancias adversas que temer al Señor mismo. Se nos exhorta a temer a Dios en las Escrituras como la mitad de la cantidad (treinta y dos veces) de las veces que la palabra nos dice "no temas". Dejar el miedo a la puerta de entrada al salir para comenzar nuestro día pareciera ser algo obvio, pero tenemos que mantener la frase "no temas" cerca de nuestros corazones mientras avanzamos a través de nuestro día a causa de la constante adversidad que encontramos en nuestras vidas. Es impresionante cómo hay tantas personas que viven sus vidas en constante temor. Se imaginaria que con la advertencia que nos da las Escrituras sobre el miedo fuéramos más diligentes en encontrar una forma por lo menos de evitar, y a lo mas de aprender cómo superarlo.

Cuando las Escrituras son mal entendidas hay una tendencia a traer consigo una gran cantidad de temor. Malinterpretar lo que Dios tiene que decir es uno de los principales motivos de deshacernos de este gran peso, y en consecuencia el miedo sigue dominando nuestras vidas. Un buen ejemplo, permítanme dejarles una Escritura que tiene a muchos cristianos corriendo en círculos:

> *De modo que si alguno está en Cristo, nueva criatura es; las cosas viejas pasaron; he aquí todas son hechas nuevas.*
>
> (2 Corintios 5:17)

La realidad contradice esa declaración, porque todavía hay deseos carnales que nos controlan todos los días. Por mucho que nos gustaría creer que las Escrituras son una realidad en nuestras vidas, debemos confesar que simplemente no estamos a la altura de la visión ideal de las Escrituras. Enfrentando la realidad de esa verdad comienza un efecto de dominó de incredulidad. Empezamos a dudar de las promesas de Dios, porque si no podemos vencer en una de las formas más básicas de servir a Dios, ¿cómo podemos entonces aceptar las promesas que nos aseguren una mayor victoria en las fases más difíciles de la vida cristiana? Si las verdades fundamentales no se pueden aceptar, entonces, ¿qué dice eso acerca de nuestra vida en Cristo? Es espantoso admitir, si no paralizante, por decir lo menos.

Para trabajar atrás de las escenas en el reino de Dios con eficacia es necesario creer a Dios cuando no hay evidencias físicas para respaldarnos. Cuando tomamos esa postura en realidad estamos yendo en contra de nuestro mejor juicio porque hemos usado "seguir la evidencia" como nuestro mantra para el éxito, y vivimos o morimos por lo tal. Cuando la evidencia contradice la palabra de Dios, tenemos que llegar al punto en nuestras vidas que vamos a creer a Dios de todas formas.

Sueño Increíble de José
Y pensando él en esto, he aquí un ángel del Señor le apareció en sueños y le dijo: José, hijo de David, no temas recibir a María tu mujer, porque lo que en ella es engendrado, del Espíritu Santo es. Y dará a luz un hijo, y llamarás su nombre JESÚS, porque él salvará a su pueblo de sus pecados.

(Mateo 1:20-21)

José (esposo de María) se encontró en un dilema que prueba este punto. La evidencia de hecho señaló el hecho de que María, su mujer, desposada, era una mujer infiel. Explicando a José lo que había pasado era más difícil, porque en realidad era increíble. Creer que estaba embarazada sin tener relaciones sexuales era absurdo, y esta es la historia que María le estaba pidiendo que creyera. A medida que la relación comenzó a desmoronarse, el Señor consideró necesario enviar un ángel a visitar a José para aclarar las cosas y confirmar su historia. Al escuchar de nuevo no lo hizo más fácil de aceptar, así que Dios tuvo que ampliar su entendimiento para poner las cosas en orden.

Estas son las cosas que José tendría que considerar y aceptar si esta relación con María iba a continuar. En primer lugar, tenía que aceptar que el bebé fue engendrado por el Espíritu Santo y no por otro ser humano. María no fue infiel a él, por lo tanto, no tenía ninguna razón para rechazarla. Este bebé fue escogido de entre la nación hebrea para convertirse en el Mesías prometido, y nomas aceptar esto era casi tan difícil como aceptar el nacimiento virginal del niño a través de María. Por último, la larga tradición de nombrar el primer hijo varón igual que el padre no era posible. Debido a que este bebé tenía un llamado de Dios en Él, ya había sido decidido en el cielo lo que había de ser Su nombre, y por supuesto que el nombre era Jesús.

No fue hasta que me había convertido elegible para ser abuelo que me di cuenta de lo importante que es esta tradición de nombrar. A medida que pienso en el pasado, recuerdo cuando nació mi hijo y me preguntó mi padre si íbamos a ponerle el nombre de George, que por supuesto era su nombre también. La decepción en su cara cuando le dije que tenía otro nombre en mente aún me persigue hasta hoy. Ahora que mi hijo está casado y espero en un futuro no muy lejano va a tener hijos, en las pocas platicas que hemos tenido acerca de nombrar al niño si se trata de un niño, lo más cercano a mi nombre que piensan él y su esposa, tal vez es el uso de mi nombre como un segundo nombre. Ahora sé cómo se sintió mi padre, y me siento como si pudiera identificarme con José cuando el privilegio de tener un Junior se le fue quitado. En su sabiduría, José decidió poner sus sentimientos a un lado, escuchar al ángel, y hacer lo mejor posible para que el embarazo de María aconteciera sin tanto drama. Se fueron de la ciudad que vivían y esperaron pacientemente hasta que naciera el bebé, para poder regresar a lugares conocidos.

"No temas" es una orden común que escucharemos de vez en cuando en nuestro caminar con Dios. Debido a que nuestra obediencia se genera por medio de la fe, realmente no tenemos derecho a cuestionar nuestras órdenes sin importar lo poco razonable que puedan parecer. Nuestra responsabilidad consiste en tomar nuestras instrucciones y ejecutarlas hasta que la tarea que tenemos por delante este completa. Si cuando Dios decide o no llenar los espacios en blanco, lo hará, y si no, lo único que tenemos que concluir es que en esta situación nos dirá "solo, si es necesario saber".

Cuando el Tiempo de Respuesta de Dios es Lento

Habrá momentos en nuestra experiencia cristiana de que Dios aparecerá más lento que la miel en responder a nuestras peticiones. Todo lo que hace parece ir más despacio que una tortuga, y la tentación de coger el toro por los cuernos y acelerar el proceso es una tentación muy difícil de evitar. La guerra por el predominio en el mundo espiritual ruge ferozmente, y el enemigo nos quitará lo que permitamos. Cuando la decisión de no oponernos a él sale a la luz, sin siquiera saberlo renunciamos a nuestros derechos y nos asentamos en la derrota. Tenemos que entender que muchas veces, Dios elige el tiempo para cumplir su voluntad. ¿Cuál es la virtud en esto? La mayor virtud que aprenderemos de nuestra espera en Dios es que vamos a permitir a Él que nos enseñe paciencia.

Hermanos míos, tened por sumo gozo cuando os halléis en diversas pruebas, sabiendo que la prueba de vuestra fe produce paciencia.

(Santiago 1:2-3)

La fe debe ser probada para crecer, y a medida que crece va a producir paciencia. No hay manera de evitarlo si va a llegar a ser dinámico en Su reino. Tener una gran cantidad de paciencia no nos hace pasivos en ningún modo. Por el contrario, la virtud de la paciencia se muestra en esta Escritura:

Pero ni un cabello de vuestra cabeza perecerá. Con vuestra paciencia ganaréis vuestras almas.

(Lucas 21:18-19)

Una gran cantidad de almas se están perdiendo debido a la falta de paciencia. Una vez que nuestra paciencia crece a un nivel significativo abrirá la puerta a una mayor confianza en Él.

Puso luego en mi boca cántico nuevo, alabanza a nuestro Dios. Verán esto muchos, y temerán, Y confiarán en Jehová.

(Salmo 40:3)

Es nuestra confianza en Él lo que causara que los demás se muevan en la misma dirección, y ellos también van a conocer al Señor en la manera que Él siempre ha querido.

Cuando la Respuesta de Daniel se Retrasó

Daniel continuó en una temporada de oración, porque cuando inicialmente el tocó el trono de Dios para una respuesta, no había ninguna. Siguió viniendo por los próximos veintiún días, e incluso el ayuno no podía apurar la respuesta de Dios a esta petición. Su paciencia fue puesta a prueba mientras que su fe era moldeada y formada para hacer grandes cosas para el reino de Dios. Finalmente Daniel recibió una respuesta, una especie de disculpa, desde el trono de Dios.

Entonces me dijo: Daniel, no temas; porque desde el primer día que dispusiste tu corazón a entender y a humillarte en la presencia de tu Dios, fueron oídas tus palabras; y a causa de tus palabras yo he venido.

(Daniel 10:12)

Sus palabras también fueron escuchadas por el enemigo, y en consecuencia se produjo una batalla en el mundo espiritual. Un espíritu diabólico fue enviado para asegurarse de que el mensaje que Daniel iba a recibir nunca fuese entregado. Dicho esto, conviene advertir a cualquiera y todo aquel involucrado en la guerra espiritual que nuestro enemigo es más que un simple adversario. Recuerde, él ha estado trabajando en esto durante miles de años, y con su experiencia sabe cómo pelear, y aún más pelear sucio. Cuando Daniel finalmente se abrió paso al mundo espiritual, la revelación vino en abundancia con la sabiduría y la autoridad que pocas personas conocían.

Las batallas en el mundo espiritual continúan. Son la razón de muchos retrasos para recibir respuestas a nuestras peticiones, pero hay una verdad que no puede ser descartada en nuestras experiencias en la guerra espiritual. Satanás podrá retrasar nuestra respuesta, pero nunca podrá impedir una respuesta de parte de Dios si nuestras peticiones están llegando al trono de gloria a diario.

Porque las armas de nuestra milicia no son carnales, sino poderosas en Dios para la destrucción de fortalezas, derribando argumentos y toda altivez que se levanta contra el conocimiento de Dios, y llevando cautivo todo pensamiento a la obediencia a Cristo
(2 Corintios 10:4-5)

No tenemos por qué molestarnos en sacar la artillería fuerte a nuestras batallas contra Satanás porque nuestro armamento es manejado por Dios en los lugares celestiales. Nuestra forma de pensar y proceso de pensamiento puede ser tan afinado que tenemos la habilidad de sujetar cualquiera y todo pensamiento a obediencia a Cristo. En realidad, es nuestra decisión no vivir victoriosamente en Él, pero si decidimos entregarnos a Él sin reservas, entonces no hay diablo en este lado del infierno que nos pueda derrotar.

Una Batalla Apestando a Miedo

Ha sido bien documentado en mis libros anteriores que mi vida siempre ha sido dominada por el miedo según yo puedo recordar. Ha sido la raíz de todas mis inseguridades, y ser físicamente discapacitado en ocasiones ha estorbado mis relaciones personales. Cuando estaba creciendo, tener un espíritu tímido no se prestaba para tener gran éxito en un ambiente Pentecostal. Incluso mi decisión de no continuar con mi carrera en el fútbol a nivel universitario me persiguió durante años y emocionalmente atrofio mi crecimiento en las cosas del Señor. El hecho de que Dios estaba dispuesto a tomarse el tiempo para enseñarme de que se trataba la fe usando pasos de bebé; estaba más allá de mi comprensión. Él lenta y dolorosamente se tomó su tiempo en moldearme en lo que Él quería que yo fuera. El proceso ha tomado más tiempo de lo que quisiera admitir, sin embargo, el proceso está en marcha, después de cuarenta y un años de buscar su rostro.

Después de mi altercado con la polio cuando tenía cinco años de edad, durante los siguientes cuarenta y pico de años nunca sufrí alguna enfermedad o dolor en mi cuerpo que requería atención médica mayor. Donde iba imaginarme de niño, cuando llegara a mis cincuenta y tantos años que iba a sufrir un ataque al corazón y derrame cerebral. Antes de que estos tuvieron la oportunidad de ocurrir, había algunas otras enfermedades que tendría que superar, tanto físicas como emocionalmente. En 2010 en una visita al médico de rutina, se encontró que tenía un ritmo cardíaco irregular, mi corazón estaba latiendo fuera de ritmo. Me recomendaron que fuera de inmediato a la sala de emergencias de un hospital para un examen más detallado. Me parecía absurdo gastar dinero que no tenía para pagar por cuidado médico, cuando en realidad no sentía que tuviera algo mal. El hecho era que, con un poco de empuje de parte de Dios fui. Para acortar la historia, tuve un procedimiento de ablación por catéter[6] por lo que nos cobraban más de $90,000. Al recibir la factura por la atención y la estancia hospitalaria del médico, me dije a mí mismo: "Tiene que haber un error. No hay manera en el mundo que podría haber incurrido tal gasto en sólo tres días. "Para mi desdicha, la factura era correcta y me puse a meditar sobre cómo iba a ser capaz de pagar esto.

Mi pueblo fue destruido porque le faltó conocimiento.
(Oseas 4:6)

Debido a que no estábamos al tanto de los diversos programas de caridad que están disponibles para los residentes de bajos ingresos en Texas, no sabíamos que existían programas de caridad establecidas por el estado para ayudar a aquellos que no tienen los recursos financieros para pagar su factura. Mientras estábamos en el hospital, nadie vino a nosotros para ofrecer este tipo de asistencia, y resulto en momentos muy estresantes. Por último, después de ser dado de alta nos mandaron a una oficina para discutir el pago de la factura. Fue en ese momento que nos dejaron saber de un programa en Texas que ayuda a las personas sin seguro médico. Una vez más, sin saber cómo funcionaba el sistema, en el fondo de mi mente ya estaba mirando mi vida financiera voltearse al revés. Por supuesto, el diablo tomó ventaja, aterrorizándome a cada momento, pero me acordé de una escritura que siempre me había ayudado, así que decidí usarla de nuevo al clamar al nombre del Señor.

Clama a mí, y yo te responderé, y te enseñaré cosas grandes y ocultas que tú no conoces.

(Jeremías 33:3)

Si alguna vez hubo un momento en que estaba en la categoría de "no sé qué hacer", era entonces. Pero lo poco que he aprendido en la vida me ha ayudado a seguir adelante cuando tiempos adversos han llegado a mi camino. He llegado a comprender que esta Escritura en particular es cierta sólo si ponemos nuestra fe a trabajar. Hay tantas cosas grandes que Dios le gustaría proveer en nuestras vidas, pero Él está limitado a que estas bendiciones dependen de nosotros pedirle, a Él. Cuando señales y prodigios se convirtieron en una parte normal de mi ministerio, no fue debido a la capacidad natural con que nací. Tenía que ver más con mi consistencia en buscar el rostro de Dios. Todo comienza y termina en la presencia del Rey. Él no puede confiarte con algo más grande de lo que has recibido, si no estás dispuesto a pasar tiempo a solas con Él en Su presencia.

Cuando Dios está en control de tu vida, Él usará a cualquiera para que venga a tu rescate. Sean salvos o no, realmente no le importa a Él. Usted no tiene que creerme si no quiere, pero si decide que no entonces tendrá que arrancar de la Biblia la historia del rey Ciro. Él era el rey pagano elegido por Dios para derrotar a los babilonios. Una vez que la nación judía estaba libre de su cautiverio, se les permitió regresar a Jerusalén para que pudieran reconstruir el Templo. Mira lo que Isaías escribió acerca de este rey pagano. Fue comisionado por Dios sin siquiera saberlo, y pensando que su genialidad era el factor determinante de derrotar a uno de los mayores países del mundo en ese momento. Nunca supo que la mano de Dios estaba en él desde el primer momento. Así es como Isaías expresa la parte que el rey Ciro tuvo en el derrocamiento de Babilonia.

Que dice de Ciro: Es mi pastor, y cumplirá todo lo que yo quiero, al decir a Jerusalén: Serás edificada; y al templo: Serás fundado. Así dice Jehová a su ungido, a Ciro, al cual tomé yo por su mano derecha, para sujetar naciones delante de él ...

(Isaías 44:28-45:1)

Dios escogió a Ciro para hacer su trabajo sucio y al rey le hizo creer que era su audacia y conocimiento militar lo que aseguro una victoria sobre una de las más grandes naciones, si no la más grande en el mundo. Él nunca tuvo conocimiento de que el Dios del cielo era en realidad el principal responsable de que su ejército tuviera la victoria. Es en casos como éste, que el Señor me deja anonado con sus decisiones. Él es el Dios de la gloria, y sin embargo, hay veces en las Escrituras que Él cede el crédito a otra persona sólo para que su voluntad se pueda lograr. Si Dios tiene que ir fuera de su reino para proveer para sus hijos, Él no sólo está dispuesto, sino que es capaz también.

Un Llamado Personal a Nosotros

Dios siempre ha sido un Dios de detalle, así que no es de sorprender que Él se tomaría la molestia de llamarnos personalmente por nuestro nombre. Con Dios conduciéndolo, Adán fue capaz de nombrar a todos y cada uno de los animales en el Jardín del Edén. Para demostrar que meticuloso Dios es en su cuidado por nosotros, Él ha escrito en su palabra que Él incluso no pierde la cuenta de cada pelo en nuestras cabezas. Usted debe entender que Él no los cuenta, que en realidad los numera. Eso hace que sea más fácil de entender el amor tan grande de nuestro Dios que tiene para todos y cada uno de nosotros. Una vez más, mira esta Escritura que muestra el cuidado de Dios por las estrellas:

> *El cuenta el número de las estrellas; A todas ellas llama por sus nombres.*
>
> (Salmo 147:4)

¿No es lógico que el Señor de gloria está en esto por largo plazo y las circunstancias, los fracasos, las desilusiones y similares no son lo suficientemente grandes para permitir que Él renuncie a nosotros? Él sabe todo acerca de nosotros lo bueno, lo malo y lo feo, sin embargo, Él todavía nos ama sin importar nada.

El apóstol Pablo escribió una Escritura que se puede tomar dos formas, desde el punto de vista de los creyentes y de Su perspectiva.

> *Por lo cual estoy seguro de que ni la muerte, ni la vida, ni ángeles, ni principados, ni potestades, ni lo presente, ni lo por venir, ni lo alto, ni lo profundo, ni ninguna otra cosa creada nos podrá separar del amor de Dios, que es en Cristo Jesús Señor nuestro.*
>
> (Romanos 8:38-39)

Es un tipo de grito de guerra, un arma en nuestro arsenal que nos puede ser inútil. En cualquier lugar, con cualquier persona, en cualquier momento, aunque seamos rehenes, en peligro de derrota. Esta es una garantía sólida que el Señor tiene nuestra espalda y nuestro trabajo en esto es esperar y confiar en Él hasta que Él nos saca de nuestro caos.

Por otro lado, Jesús también tiene la responsabilidad de estar allí siempre y cuando clamemos Su nombre. No hay malentendidos o malas interpretaciones del trabajo que hay que hacer. Él está completamente dedicado a cambiar nuestra situación negativa a una solución apacible. Por encima de todo, Él hace todo esto con placer.

Canten y alégrense los que están a favor de mi justa causa, Y digan siempre: Sea exaltado Jehová, Que ama la paz de su siervo.

(Salmo 35:27)

Debe haber un grito continuo de alegría en nuestros corazones por las grandes promesas que el Señor ha dado. Él no es un Dios malo, injusto, como algunos lo figuran que es, sino más bien un Dios dadivoso que se complace en la prosperidad de Sus siervos. Casi se podría decir que con todos y cada bendición dada a sus hijos, hay escalofríos a lo largo de su cuerpo.

...En tu presencia hay plenitud de gozo; Delicias a tu diestra para siempre.

(Salmo 16:11)

Su mano derecha en la Escritura siempre ha sido la mano de provisión. Al darnos cuenta que Él no es un Dios tacaño, tenemos todo el derecho de acercarse a su trono con valentía, anticipando lo mejor que el cielo tiene para ofrecer. Nuestro trabajo es poner nuestra fe a trabajar y ver la mano de Dios moverse poderosamente en nuestras vidas. Eso es posible, ¿no le parece? Si eso es cierto, y seguramente que es, "No temas" es posible en todas nuestras vidas.

...No temas, porque yo te redimí; te puse nombre, mío eres tú.

(Isaías 43:1)

El Señor está llamando a nuestro nombre, ¿puedes oírlo?

CAPÍTULO 4

COSTOS OCULTOS

Porque ¿quién de vosotros, queriendo edificar una torre, no se sienta primero y calcula los gastos, a ver si tiene lo que necesita para acabarla? No sea que después que haya puesto el cimiento, y no pueda acabarla, todos los que lo vean comiencen a hacer burla de él, diciendo: Este hombre comenzó a edificar, y no pudo acabar.

(Lucas 14:28-30)

La construcción de la casa de sus sueños es un esfuerzo mayor, en absoluto. Podría llevar meses e incluso años en las etapas de planificación, si todo se hace bien. Un constructor sabio debe tener en cuenta los costos ocultos que son comunes en todos los proyectos de construcción. Estos costos son por lo general inesperados y no se pueden proyectar específicamente. Dependiendo de qué parte del país en que vive, retrasos por inclemencias del tiempo pueden llegar a ser una molestia si el contratista no ha presupuestado para esta pérdida de tiempo. Habrá momentos en que los materiales están fuera de almacenamiento y una orden debe ser colocada con compañías que están más lejos y la distancia aumenta al tiempo. En ocasiones, cuando si están disponibles, se cometen errores en el envío y sólo retrasa el proceso aún más. Cualquiera que haya tenido algún tipo de experiencia en construcción sabe que en ocasiones se encontrará con inspectores de edificios legalistas que son rígidos en su aprobación de su proyecto de construcción. Casi podría jurar de arriba a abajo que la tienen contra usted, pero en realidad ellos tratan a todos de la misma manera. Estos costos ocultos, literalmente, pueden estar enterrados bajo tierra, donde se descubren las fundaciones defectuosas, raíces de árboles toman consecuencia, tuberías de la plomería revientan, y hasta el edificio más cuidado ha tenido termitas que debilitan la estructura al carcomer los marcos de madera que se ocultan a simple vista.

Para compensar estos costos ocultos, hay que ser flexible en estimar el tiempo y dinero envuelto en este gasto. Los retrasos por cualesquiera razones son un costo normal de hacer negocios y se hacen los ajustes para incluir lo inesperado. Recuerdo hablar con un pastor una vez, que había iniciado un programa de construcción. Había autorizado decenas de miles de dólares más fueran agregados para cubrir seis meses de tiempo adicional de construcción. Al final, eso no fue suficiente, y por consecuencia el programa de construcción se detuvo hasta que más fondos pudrieran ser levantados y puestos a disposición de este proyecto de construcción. El control de los retrasos de sobrestimar el tiempo de construcción no sólo muestra la sabiduría de la persona a cargo, sino que también demuestra la experiencia de un contratista exitoso. Nada lo toma por descuido, y si por casualidad lo hace, él ha estado alrededor de la cuadra muchas veces antes y sabe que no debe preocuparse, porque de alguna manera u otra, el trabajo será terminado.

Podemos tomar estas lecciones aprendidas en la construcción y aplicarlas en nuestras batallas espirituales que luchamos todos los días. Las pérdidas sufridas en este ámbito podrían conducir a un destino eterno sin Dios, y por lo tanto una atención estricta debe ser asignada de manera que una vida no se pierda eternamente debido a nuestra falta de cuidado. Es una pérdida que no vamos a ser capaces de recuperar, y por lo tanto no hace falta decir. El sufrimiento que es necesario soportar en la vida cristiana es un costo oculto que vale la pena, sabiendo que el resultado al final va a producir su gloria. La gloria de Dios que será revelada en nosotros no tiene precio.

Considerando las Aflicciones

Pues tengo por cierto que las aflicciones del tiempo presente no son comparables con la gloria venidera que en nosotros ha de manifestarse.

(Romanos 8:18)

Tomando en cuenta las aflicciones que un cristiano se le pide aguantar es otra manera de "contar el costo." Debido a ese hecho, estamos dispuestos a hacer todo lo que sea necesario para obtener esa gloria. Hace poco llegué a comprender esta revelación que me fue dada en referencia a su gloria. La gloria de Dios revelada en nosotros no tiene que esperar hasta la eternidad. He aprendido que cuando el sufrimiento ha llegado a su fin, la gloria de Dios es liberada en nuestras vidas. El apóstol Pablo dice esto en tantas palabras cuando le escribió a los Corintios, en el capítulo 3 de 2 Corintios.

Por tanto, nosotros todos, mirando a cara descubierta como en un espejo la gloria del Señor, somos transformados de gloria en gloria en la misma imagen, como por el Espíritu del Señor.

(2 Corintios 3:18)

La revelación de su gloria nos hace más semejantes a Él. El beneficio total de Su gloria incluye la imagen de Dios aquí en la tierra. Si eso es cierto, y sabemos que Dios no es mentiroso, entonces ¿por qué estamos tan insatisfechos con lo que Dios tiene para ofrecer? ¿Estará nuestra mente tan fija en el cielo que hemos diferido una mentalidad de cielo en la tierra por el tiempo que pasaremos en la eternidad en Su presencia? ¿Por qué esperar hasta que lleguemos a la gloria cuando podemos tener gloria aquí en la tierra? Creo que la búsqueda de su gloria aquí en la tierra se debe hacer a cualquier precio.

Además, el reino de los cielos es semejante a un tesoro escondido en un campo, el cual un hombre halla, y lo esconde de nuevo; y gozoso por ello va y vende todo lo que tiene, y compra aquel campo.

(Mateo 13:44)

Para el observador casual, este hombre ha pagado demasiado, abriéndose a rigurosa crítica. Después de cuentas, este hombre es considerado un hombre astuto de negocios, quien previó esta riqueza oculta y sacrificó todo por obtenerla. Los sacrificios que hacemos aquí en la tierra verdaderamente tendrán beneficios eternos mientras caminamos hacia el cielo.

Cuando decidí a servir a Dios a la temprana edad de diecisiete años, trajo duras críticas de todos lados. Los entrenadores, familia y amigos por igual tomaron turnos en criticar mi decisión, y literalmente no tenía lugar donde esconderme. Dejando atrás una beca de fútbol de USC, y potencialmente una carrera profesional, no tenía ningún sentido para cualquier persona que me conocía. Yo no podía conciliar poner a Dios a un lado y jugar un juego sin sentido en lugar de servir al Dios que voluntariamente había renunciado a su vida para que yo pudiera tener salvación. ¿Que sería en última instancia el beneficio?

> *Porque ¿qué aprovechará al hombre, si ganare todo el mundo, y perdiere su alma? ¿O qué recompensa dará el hombre por su alma? Porque el Hijo del Hombre vendrá en la gloria de su Padre con sus ángeles, y entonces pagará a cada uno conforme a sus obras.*
>
> (Mateo 16:26-27)

El gozo temporal que se encuentra en jugar un juego no podría compensar el gozo eterno que se encuentra en servir al Señor. El beneficio oculto, por supuesto, era que no tendría que esperar a llegar a su gloria en el cielo para experimentarla aquí en la tierra. La Escritura mencionada dice que seremos recompensados conforme a nuestras obras. Dicho esto, nos incumbe hacer un esfuerzo mayor en nuestro servicio al Señor. Los beneficios no son sólo celestiales, son hasta más allá de nuestra comprensión, no podemos ni siquiera imaginar lo que puedan ser.

Costos Ocultos Son Parte Normal de Hacer Negocios

Es una ventaja para nosotros entender que los costos ocultos son una parte normal de hacer negocios en su reino. En realidad, es la forma de obtener bendiciones en nuestras vidas que no están disponibles a los que no sirven a Dios en espíritu y en verdad. El apóstol Pablo comprendía verdaderamente el punto que estoy tratando de hacer en que él estaba completamente entregado al Maestro.

Cuando Saulo de Tarso fue llamado al ministerio, este llamado fue de predicar en sufrimiento. Sin saberlo él (ahora conocido como Pablo después de su conversión), hubo otros a quienes Dios tomó el tiempo de revelar hasta qué punto este antiguo enemigo del evangelio tendría que soportar físicamente, emocionalmente y espiritualmente.

El Señor le dijo: V*e, porque instrumento escogido me es éste, para llevar mi nombre en presencia de los gentiles, y de reyes, y de los hijos de Israel; porque yo le mostraré cuánto le es necesario padecer por mi nombre.*

(Hechos 9:15-16)

Siempre ha sido su modo de Dios a traer consigo a sus hijos pausadamente. Él ha utilizado con éxito el "solo si es necesario saber" para engrandecer Su reino. Dios es consciente de que Su gracia es suficiente para traer éxito en cualquier área, con cualquier persona, en cualquier momento, hasta el punto que pedirá a sus hijos confiar en Él cuando Él nos ha pedido que hagamos algo sin dar explicación.

Para un espectador, las tácticas del Señor aparecen egoístas y sin corazón. Por el contrario, escondiendo el costo de servirle era para beneficio de Pablo. No saber lo que vendría después ayudó a controlar el tormento del miedo, liberándolo así a hacer el trabajo del Señor sin temor. Fue hecho por su propio bien para obtener el máximo provecho de su llamado que no podría ser cumplido por cualquier hombre. Trayendo el plan de salvación a los gentiles iba a ser bastante difícil sin el temor estorbando. Ocultando sus penas sería la forma más eficiente para maximizar su llamado de Dios.

Una Petición Imposible

Daniel se encontró en un dilema un día que no se podía resolver fácilmente. Babilonia era un manojo de nervios sobre la amenaza del rey Nabucodonosor. Muchos creyeron que había perdido el juicio por la demanda que estaba haciendo de sus magos. Él estaba ordenando a cualquiera de ellos que interpretar un sueño que tuvo, sin saber lo que era el sueño. Si nadie era capaz de interpretar ese sueño, entonces todos los sabios del reino de Nabucodonosor, morirían, incluyendo a Daniel. Exponiendo el costo oculto (es decir, el sueño) sería imposible para los magos. Esta imposibilidad le permitió a Daniel operar en su don. Tenemos que entender la mente de Dios en la que Él está dispuesto a equiparnos para el éxito en tiempos de necesidad.

y te daré los tesoros escondidos, y los secretos muy guardados, para que sepas que yo soy Jehová, el Dios de Israel, que te pongo nombre.

(Isaías 45:3)

La autenticidad de nuestro Dios será verificada cuando Él nos de los tesoros de las oscuridades y las riquezas guardadas en lugares secretos. Señales y prodigios se convertirán en algo común en nuestros ministerios y nada estará oculto de los cielos para que podamos ser más eficaces en la tierra.

Abrigado en los Brazos de Dios

Cuando estábamos planeando nuestro primer viaje a Nueva York en 2012, tenía que ser planificado bien y eficientemente (más en lo económico), porque como todos ustedes bien saben, visitar Nueva York puede ser muy costoso. Aunque la mayor parte de nuestro ministerio se dirigiría hacia el área de Queens, los gastos de hotel eran más de lo que estábamos dispuestos a pagar. En realidad, debido a que los pastores que se habían comprometido a permitir que los visitáramos iban a pagar la cuenta, no queríamos ser una carga financiera para estas congregaciones. Nos situamos en Spring Valley, que era alrededor de noventa minutos, más o menos, de retirado de las diversas iglesias que habíamos estado programados para predicar. Estábamos dispuestos a asumir el gasto adicional de tiempo y gasolina para que pudiéramos ser más de bendición aquellos que recibieron nuestro ministerio. En el último día de nuestro viaje, el huracán Sandy arrasó la zona, devastando todo a su paso. Cuando estaba terminando el ministerio de ese día, recibimos el aviso final de evacuación en nuestro teléfono. Terminamos de ministrar justo a tiempo, ya que poco después de que nos fuimos y llegamos a nuestro hotel, el huracán comenzó a dañar el área completamente. Nunca había sentido vientos de huracán tan poderoso como yo los sentí ese día, y sólo porque el hotel escogido estaba en un terreno más alto que pudimos escapar de inundaciones. A decir verdad, era como que estábamos protegidos de los fuertes vientos y las inclemencias del tiempo, y en nuestros ojos al momento era sólo otra tormenta. Cuando la noticia salió en cuanto al daño que pasó, era difícil imaginar que estaban hablando de la misma tormenta que habíamos experimentado. No fue sino hasta días después, al conducir fuera de Nueva York a través de Nueva Jersey, que fuimos capaces de comprender con nuestros propios ojos el daño que Sandy había creado con tanta ferocidad. La electricidad en nuestro hotel nunca se fue como la mayoría de los hoteles de nuestra zona, y tuvimos la capacidad de salir de Nueva York un par de días más tarde, sin un rasguño. Porque estábamos dispuestos a gastar más tiempo y dinero (es decir, costos ocultos), Dios estaba dispuesto a revelar Sus secretos para protegernos de la tormenta.

El revela lo profundo y lo escondido; conoce lo que está en tinieblas, y con él mora la luz.

(Daniel 2:22)

No tuvimos que esperar como todo el mundo para averiguar donde el huracán iba a golpear más duro. Dios estaba dispuesto a tomar el tiempo y advertirnos para mantenernos fuera del peligro. Nuestro viaje fue cortado por un día, el día que había sido designado para hacer turismo. En realidad, yo creo que nadie durante ese tiempo le fue posible darse ese lujo. Estoy agradecido con Dios; porque Él pudo revelar las cosas secretas que nos mantuvieron fuera de peligro.

Tesoro Especial

Es triste decirlo, pero reconocer los costos ocultos, no es suficiente para remediar la situación. Una estrategia debe ser puesta en acción para que el costo oculto no retrase el proyecto, o lo que es peor, pararlo por completo.

y al que sabe hacer lo bueno, y no lo hace, le es pecado
(Santiago 4:17)

La Escritura de arriba es uno de las que realmente ponen nuestro servicio a Dios en perspectiva. Nosotros no seremos juzgados únicamente en las cosas que hacemos, sino también en la determinación de nuestro juicio, seremos juzgados por no hacer las cosas que sabíamos eran correctas y buenas. Si estamos dispuestos a arriesgarlo todo, hay una promesa especial dada a nosotros que garantiza un resultado positivo; uno que tal vez no merezcamos.

Ahora, pues, si diereis oído a mi voz, y guardareis mi pacto, vosotros seréis mi especial tesoro sobre todos los pueblos; porque mía es toda la tierra.
(Éxodo 19:5)

Con toda la tierra a Su disposición, realmente quiere decir mucho que Dios nos considere como tesoro especial. El mundo ni siquiera mira dos veces nuestros logros, y mucho menos nuestra relación con Dios. Sin embargo, podemos estar seguros de que nuestro Dios le complace tanto el hecho de que Él es dueño de algo especial que Él no tan fácilmente está dispuesto a perderlo. Donde quiera que vamos, cuando doy testimonios como este la respuesta que recibo de los oyentes es increíble. La mayoría quiere experimentar las mismas cosas, pero no están dispuestos a pagar esos costos ocultos.

Así ha dicho Jehová de los ejércitos: En aquellos días acontecerá que diez hombres de las naciones de toda lengua tomarán del manto a un judío, diciendo: Iremos con vosotros, porque hemos oído que Dios está con vosotros.

(Zacarías 8:23)

Ellos están dispuestos a buscar las cosas más profundas de Dios si no va a costar demasiado. Parecen tener la misma actitud que el joven rico tenía cuando se acercó un día a Jesús con una pregunta.

Un hombre principal le preguntó, diciendo: Maestro bueno, ¿qué haré para heredar la vida eterna?

(Lucas 18:18)

La respuesta de Jesús no era exactamente lo que este joven rico estaba esperando. En el pasado, él estaba dispuesto a dar de lo que le sobraba, pero lo que Dios le pedía le iba a costar demasiado.

Jesús, oyendo esto, le dijo: Aún te falta una cosa: vende todo lo que tienes, y dalo a los pobres, y tendrás tesoro en el cielo; y ven, sígueme.
(Lucas 18:22)

Jesús le golpeó donde más le dolía, sus riquezas. Darlas para seguirlo era un costo que creía que no podía aguantar.

Quiero un Ministerio Como el Suyo

Me divierte cuando oigo a la gente decir que le encantaría tener un ministerio muy parecido al que Dios me ha dado a mí. Lo que no saben es el dolor y el sufrimiento, y se diga de los sacrificios que mi esposa y yo hacemos para ser una bendición a los demás, el cual viene con un precio alto. Estamos en camino durante tres meses a la vez antes de que tengamos que volver a casa para hacer chequeos médicos. Nos perdemos días de fiesta, cumpleaños y aniversarios, rara vez vamos a bodas, e incluso hemos perdido algunos funerales. Nunca hemos visto a nuestro único nieto caminar, y para decir verdad, probablemente incluso no nos reconoce después de estar lejos de él por un tiempo tan largo. Sin embargo, todo esto es parte de ser usado poderosamente por Dios.

Nuestra Disposición de Pagar Costos Ocultos

Nuestra disposición de pagar costos ocultos puede conducir a un tesoro escondido. Nunca sabemos cuándo vamos a tener nuestra fe retada, por lo tanto debemos estar preparados para cualquier cosa que se nos presente. Somos originalmente de la costa oeste, en realidad nacido y crecido en el sur de California. Ahora hacemos nuestro hogar en Texas, a unas 1,500 millas de distancia de amigos y familiares. Apropósito hacemos el esfuerzo de visitar viejos lugares donde solíamos vivir a lo menos, una vez al año. Este viaje se extiende a por lo menos un mes de ministerio, si no más. Debido a que el clima es tan divino, que hace que se vuelva demasiado fácil pasar tiempo en el Estado Dorado. Hace un par de años, tuve la oportunidad de programar un viaje a Oregón que tomaría por lo menos dos semanas de nuestro verano. En lugar de volar a la costa oeste, hice arreglos con el pastor que nos traía a Oregón para que pagara por los gastos de gasolina en su lugar. Nos habíamos ido a California una semana más o menos antes de comenzar a ministrar en Oregón. Por supuesto, mi esposa y yo tomamos ventaja de poder visitar a familia y amigos que habíamos conocido durante muchos años antes de mudarnos a Texas. Por supuesto, comer auténtica comida mexicana era una delicia que casi no quería irme, pero el deber llamó. El día antes de partir hacia Oregón, llamé al pastor patrocinador para confirmar nuestra visita, pero al tratar de conseguirlo, solo hablé con su secretaria, que me informó de que los servicios de avivamiento programados habían sido cancelados, sin reprogramación en mente. El hermano del pastor había muerto trágicamente en un accidente de auto, y por supuesto el tiempo y dinero reservado para nuestros cultos de avivamiento en su lugar serían utilizados para el funeral. Yo estaba tan tentado a permanecer en California, por la sencilla razón de que en el pasado habíamos confraternizado con muchos pastores de diversas organizaciones del nombre de Jesús. Había llegado al punto en que me sentía seguro, incluso a último minuto, que podía llenar mi calendario por las próximas tres semanas sin ningún problema. Fue en ese momento en que el Señor me habló y me dijo que fuera a Oregón de todos modos. En el fondo de mi mente, sabía que Dios podía proveer por nosotros económicamente, aunque fuera a una área donde no conocían mi ministerio. La verdad, el problema era personal pues yo no quería ser puesto en una posición en la que estaba pidiendo a gente que yo no conocía una oportunidad de ministrar. Una lección de confianza que había aprendido hacía tiempo fue traída a mi atención, y por lo tanto la decisión fue hecha de partir hacía Oregón justamente como Dios había pedido.

Una Lección que Nunca Envejece
Humillaos delante del Señor, y él os exaltará.
(Santiago 4:10)

Cualquier cosa se puede lograr si la gente está dispuesta a humillarse ante el Señor. Dios no sólo estaba tratando de estimular mi fe, pero también tenía una gran bendición guardada para mí. Yo empecé metódicamente a hacer mis llamadas telefónicas a hombres que nunca había conocido, pero debido a las circunstancias de mi llamada telefónica y conocer al pastor en su área que había sufrido la pérdida, estaban dispuestos a correr el riesgo con un hombre de Dios que no sabían y nunca habían oído predicar antes. Mis llamadas a estos pastores se podían poner en la categoría de "ventas por teléfono", porque no conocía a ninguno de ellos. La gracia del Señor había caído realmente sobre mí que incluso el superintendente de distrito del área estaba dispuesto a correr el riesgo por un hombre del cual no sabía nada. Nos ayudó que él hubiera ido al colegio bíblico con mi hermana menor, y creo que eso abrió las puertas de su iglesia. El entonces estuvo dispuesto a ayudar a programarme con otros pastores en la área para podernos quedar las próximas dos semanas por lo menos. Veintitrés días después, yo había predicado en dieciocho servicios diferentes y quince de esos servicios fueron en iglesias que yo nunca había predicado antes. Incluso una conferencia de distrito que celebraba durante este tiempo no pudo poner freno a las invitaciones, a pesar de que la conferencia hizo disminuir la cantidad de veces que prediqué una semana, porque todas las iglesias habían cerrado para la conferencia.

Esto era realmente otra lección que Dios quería enseñarme acerca de confiar que El provee aun cuando todo parecía perdido, una de las lecciones que no se olvidaran fácilmente.

¿Qué va a hacer en el Señor cuando sea enfrentado con costos ocultos? ¿Van a alejarle de las bendiciones de Dios, o le permitirá a Dios la oportunidad de bendecir su vida? La decisión está en sus manos.

CAPÍTULO 5
EN PELIGRO DE PERDER NUESTRA UNICIDAD

Oye, Israel: Jehová nuestro Dios, Jehová uno es. Y amarás a Jehová tu Dios de todo tu corazón, y de toda tu alma, y con todas tus fuerzas.

(Deuteronomio 6:4-5)

Si fueren destruidos los fundamentos, ¿Qué ha de hacer el justo?

(Salmo 11:3)

Desde el nacimiento de la doctrina Pentecostal de la Unicidad, la vida en el estándar del mundo cristiano no ha sido agradable ya que en la mayoría de los círculos se nos considera el hijastro no deseado. Con el mismo fervor de antipatía (a veces incluso odio), los pentecostales del nombre y el resto del mundo cristiano simplemente no se llevan bien. Se nos ha criticado, a tal desazón a todo y cada miembro, que a veces juntar los dos lados es casi imposible.

Similar a los Árabes y Judíos

Dicho esto, cualquier Pentecostal del nombre que ha venido del otro lado sabe por experiencia personal cuán mal entendida nuestra doctrina puede ser. Creyentes dogmáticos de ambas partes se atacan el uno al otro con la intención de defender su fe, con la esperanza de que eventualmente conectara y ganara a su oponente. He leído algunas conversaciones crueles publicadas en blogs en varios sitios de internet. Sin recurrir al uso de lenguaje grosero, indudable que han llegado cerca, con un lenguaje abusivo que se acerca mucho a algo que se oiría en una cantina.

La única cosa que está verdaderamente mal en nuestra presentación de la Unicidad es la misma presentación y la actitud en que está siendo presentada. Tiene que haber una defensa del evangelio, pero debe ser presentada de una manera semejante a Cristo. Pero la antipatía que cada lado tiene para el otro casi se puede comparar con la de los judíos y árabes. El mundo Árabe supera numéricamente en gran manera a la nación de Israel, sin embargo, en la historia pasada los árabes no han podido destruir al pueblo de Dios. El desafío que se nos enfrenta es similar al desafío que David encontró cuando decidió pelear contra Goliat. El gigante de Gat había sido victorioso en todas sus peleas, y el retador ante él no mostraba ninguna amenaza. Pero hay cosas extrañas que pueden ocurrir "en el nombre del Señor" que pondría hasta el más valiente de los guerreros a buscar donde esconderse. Es con ese tipo de espíritu que nosotros, como Pentecostales del nombre, debemos defender nuestra fe. Tenemos que ser como dice la Escritura:

He aquí, yo os envío como a ovejas en medio de lobos; sed, pues, prudentes como serpientes, y sencillos como palomas.
(Mateo 10:16)

Nuestra Existencia Futura Depende de Esto

Nuestra existencia futura depende de nuestra capacidad de defender la doctrina de la unicidad, sin embargo, hay otras verdades reveladas a nosotros que debemos atesorar con igual diligencia. La Montaña Rushmore de éxito en el Señor es en realidad de tres dobleces. Estas son las tres doctrinas que debemos estar dispuestos a defender y nunca cambiar: la doctrina de la Unicidad, recibir el Espíritu Santo con la evidencia de hablar en otras lenguas, y vivir una vida en Santidad.

Y si alguno prevaleciere contra uno, dos le resistirán; y cordón de tres dobleces no se rompe pronto.
(Eclesiastés 4:12)

La doctrina de un solo Dios se basa en muchas Escrituras, pero por ser breve, voy a hablar de la Escritura donde esta doctrina ha sido fundada.

Pedro les dijo: Arrepentíos, y bautícese cada uno de vosotros en el nombre de Jesucristo para perdón de los pecados; y recibiréis el don del Espíritu Santo. Porque para vosotros es la promesa, y para vuestros hijos, y para todos los que están lejos; para cuantos el Señor nuestro Dios llamare.
(Hechos 2:38-39)

Aquí es donde se encuentra la salvación y es considerada la piedra angular de la doctrina de la Unicidad.

Para reforzar nuestra posición, debemos añadir a la base la doctrina del bautismo del Espíritu Santo. Esto se aplica cuando el creyente recibe el Espíritu de Dios, con la evidencia de hablar en otras lenguas. Al recibir este maravilloso don del cielo, cada creyente se le es prometido el poder de Dios desde lo alto.

> *Pero recibiréis poder, cuando haya venido sobre vosotros el Espíritu Santo, y me seréis testigos en Jerusalén, en toda Judea, en Samaria, y hasta lo último de la tierra.*
>
> (Hechos 1:8)

Realmente es increíble lo que Dios está haciendo a través del mover de su Espíritu. Con Su gloria siendo suelta en cada servicio, señales y prodigios tienen la oportunidad de fluir sin restricciones. Más y más Pentecostales del nombre están llegando a entender esta promesa, y al aplicarla a sus vidas personales están viendo a Dios moverse en formas milagrosas.

> *Por lo demás, hermanos míos, fortaleceos en el Señor, y en el poder de su fuerza. Vestíos de toda la armadura de Dios, para que podáis estar firmes contra las asechanzas del diablo.*
>
> (Efesios 6:10-11)

El hablar en lenguas es sólo uno de los beneficios que uno recibe cuando busca el bautismo del Espíritu Santo. El ataque contra el diablo se intensifica con el poder de Su poderío trabajando milagrosamente en Su fuerza. No tenemos que preocuparnos por el resultado de nuestras batallas espirituales, porque Él es el que está peleando, no sólo con nosotros, pero por nosotros también.

Nuestra fundación no estaría completa sin servirle a Él en santidad. Este atributo es tan importante que el autor de Hebreos se tomó el tiempo para escribirnos que ...*sin la cual nadie verá al Señor.* (Hebreos 12:14). El Señor consideró tan importante servirle en santidad que no sólo lo hizo un requisito para entrar al cielo, sino que también extendió esa orden que incluyera la apariencia tanto en lo interior como lo exterior. Cualquier cristiano que le sirve con uno y no lo otro se está realmente quedando corto. Si una persona honestamente y sinceramente ama al Señor, comenzará desde el interior (lo que Dios ve) pero se extenderá a nuestro aspecto exterior (lo que mira el hombre) igualmente.

Dividir y Conquistar

Es con esta verdad fundamental que Satanás prepara sus ataques contra el verdadero cristiano que sirve a Dios en las tres áreas. Él continúa utilizando un arma probada por el tiempo que ha tenido éxito a lo largo de los siglos. Dicho esto, no hay ninguna razón para alterar su bombardeo de ataques. La forma de ataque que utiliza con mayor éxito es la de "dividir y conquistar". Con una estrategia astuta formada para poner indefenso a cada Pentecostal, Satanás ataca en primer lugar el nivel de Santidad de la Iglesia. De todas las doctrinas que la Iglesia debe adherirse, la doctrina de santidad es su eslabón más débil. Cuando todo lo que creemos es expuesto a la vista del mundo, la doctrina que más varía en su interpretación es el honrar nuestros estatutos de Santidad. He tenido la oportunidad de viajar por todo Estados Unidos y partes de México, América Central y Sudamérica. Puedo ir a casi cualquier parte del mundo dentro de nuestra organización, y si entro en un servicio con los ojos vendados, sin saber dónde estoy, en particular, puedo casi figurar que cuando me quite la venda y mire la multitud. Siempre hay diferentes grados de cómo se mira la "ropa modesta", y debido al amplio grado de interpretación ha causado una gran cantidad de discordia entre los distintos grupos.

El ataque sutil para destruir la Iglesia comienza cuando esa disensión asoma su fea cabeza sobre las diferentes interpretaciones de lo que debería ser "Santidad". La forma más rápida y más eficaz para que este ataque pueda tener éxito en la división de la Iglesia es empezar a atacar a nuestras damas. Apelar a las emociones de la mujer siempre ha sido una forma poderosa y probada para permitir que las acusaciones de Satanás puedan causar duda. Demostró ser un arma exitosa en el Jardín del Edén, cuando Satanás, a través de la serpiente, apeló a las emociones de Eva. Si no se hubiera dejado llevar por su propio deseo (ser como Dios), lo más probable es que Satanás habría tenido que encontrar otra manera de desmantelar el plan de Dios.

Una Arma Muy Eficaz: Verdades a Medias
El desenlace de la verdad comenzó cuando Satanás, el mejor engañador, convenció a Eva de no tomar en cuenta la palabra de Dios mediante el uso de verdades a medias.

Entonces la serpiente dijo a la mujer: No moriréis; sino que sabe Dios que el día que comáis de él, serán abiertos vuestros ojos, y seréis como Dios, sabiendo el bien y el mal.
(Génesis 3:4-5)

La muerte que Satanás mencionaba verdad porque él estaba tratando que Eva se centrara por completo en lo físico. Lo que él tenía la esperanza de lograr, y lo hizo con éxito, de engañar a Eva para desobedecer el mandato de Dios a fin de que ocurriera una muerte espiritual. Ella era presuntuosa al creer que ser como Dios era algo buena y que sólo haría su vida en el jardín más fructífera. Lo que ella no consideró, y probablemente no tenía forma de saber realmente, era que la desobediencia a la palabra de Dios tenía consecuencias.

El Señor decidió visitar a su creación un día en el jardín y les llamó. En el pasado, cualquier cosa que estuvieran haciendo lo hacían a un lado para dar su completa atención al Señor. Esta vez, los encontró escondidos en los arbustos y con toda seriedad quería saber por qué.

Entonces fueron abiertos los ojos de ambos, y conocieron que estaban desnudos; entonces cosieron hojas de higuera, y se hicieron delantales.

(Génesis 3:7)

Su acto de desobediencia era una forma pura de presunción (que se tocará en capítulos posteriores) en su máxima expresión. Eva estaba convencida de que ser como Dios al comer del fruto prohibido era algo bueno y fue capaz de convencer a Adán también. Hasta ese punto en su experiencia con Dios, todo se hacía como Él lo pedía. No había manera de que supieran, ni entendieran cuáles serían las consecuencias de la desobediencia.

Hasta este punto de su obediencia a cada palabra de Dios no sólo traía seguridad, sino tranquilidad. Después de su acto de desobediencia, por primera vez en sus vidas sintieron miedo y sus consecuencias. Su desobediencia al mandamiento de Dios traería juicio a sus vidas por primera vez. Lo que ellos pensaban que estaban renunciando en el principio al permitir que Dios tuviera control total no se comparaba a lo doloroso que el juicio que Dios pronunció sobre ellos. Cuando el Señor les encuentra escondiéndose y completamente vestidos, se entristeció el Señor cuando se vio obligado a dictar sentencia. En realidad, ellos no estaban desnudos como Adán había proclamado, porque desde el principio, la gloria de Dios los había arropado. En esencia, tomaron la decisión de cambiar la gloria de Dios por hojas de higuera. Lo que fue aún peor fue la expulsión de ellos afuera del Jardín del Edén.

Sus Tácticas No Han Cambiado

La misma táctica utilizada para engañar a Eva en el jardín es la misma que utiliza hoy en nosotros. Satanás tratará de infiltrarse en las mentes de nuestras damas, hablando verdades a medias o si no es que completas mentiras, para comenzar a desmoronar la importancia de mantener una apariencia exterior modesta. Con insinuaciones sutiles, empieza a sugerir que esta particular forma de vestir es completamente anticuada y fuera de moda. Esta forma de vestir también es machista, y se impone a nuestras damas para mantenerlas sumisas. La objeción más difícil de refutar en su mayor parte es cuando nuestras damas tratan de probar sus argumentos al decir: "Si la forma en que me visto es tan mala, ¿por qué, entonces Dios de todas formas me bendice?"

¿O menosprecias las riquezas de su benignidad, paciencia y longanimidad, ignorando que su benignidad te guía al arrepentimiento?

(Romanos 2:4)

Dios no está bendiciendo el género femenino porque Él aprueba de sus maneras, es más bien que está dispuesto a pasar por alto sus faltas por lo pronto, mientras que tiene la oportunidad de llevarnos a un mejor y más perfecto camino. Hay un significado espiritual asociado al vestir modestamente, y me gustaría pasar algún tiempo explicando ese significado.

Un Significado Espiritual

Los profetas del Antiguo Testamento usaban un manto que tenía un significado espiritual que se le atribuía. No sólo era único en su apariencia, pero los aspectos espirituales del manto lo diferenciaban de todos los demás. Era grueso y áspero, por lo que los elementos no afectarían al profeta de ninguna manera para ministrar a las personas de forma eficaz. Tomando estas características en cuenta, se pueden aplicar al cristiano y su caminar con Dios en Santidad.

El manto de santidad es ante todo la identificación al mundo de que nos hemos separado para Dios. El profeta del Antiguo Testamento, se podía identificar de inmediato sin necesidad de abrir la boca. Esto era así porque su manto hablaba al resto del mundo de su llamado especial de Dios. Por otro lado, el profeta del Antiguo Testamento utilizaba su manto para protegerse de los elementos del clima, mientras que usamos nuestro manto espiritual para protegernos de espíritus engañadores. La cubierta protege la unción del Espíritu Santo que vive dentro de nosotros. Es esencial mantener este manto puesto para que espíritus engañadores no nos conduzcan a falsas doctrinas que están surgiendo con más frecuencia en los tiempos en los que vivimos.

Pero el Espíritu dice claramente que en los postreros tiempos algunos apostatarán de la fe, escuchando a espíritus engañadores y a doctrinas de demonios
(1 Timoteo 4:1)

Nadie puede negar que estamos viviendo en los últimos tiempos. Las falsas doctrinas están brotando por todas partes a un ritmo alarmante. Las palabras más peligrosas son producidas por personas poseídas por espíritus engañadores. Son carismáticas en personalidad, atrayendo multitudes de gente con su versión suavizada del evangelio. No hay pecadores y el pecado mismo es definido por el líder del grupo. Es lo que él o ella decide que determina lo que los seguidores van a creer. Es ese tipo de liderazgo que se presta a grave pecado, y porque son un tanto dictatoriales en su estilo de liderazgo, nadie puede ahuyentarlos de sus creencias.

Un Ejemplo Clásico de Espíritus Engañadores

A finales de los 1970s, un evento sucedió que sacudió al mundo. Rev. Jim Jones era un líder americano religioso y organizador de la comunidad que fundó el Templo del Pueblo. Él fue más conocido como el líder de la secta asesinato/suicidio en 1978 de 909 de sus miembros en Jonestown, Guyana. Más de 300 niños fueron asesinados en Jonestown, casi todos ellos por veneno de cianuro. Jones murió de una herida de bala en la cabeza; hasta el día de hoy no se sabe si su muerte fue un suicidio o un asesinato.

Su vida y muerte fueron ejemplos clásicos de espíritus engañadores que dominaron a un hombre que, en un principio, tenía un verdadero llamado de Dios. Su influencia fue tan fuerte que él vivió una vida de contradicción. Por un lado, él predicaba que la homosexualidad era pecado. Pero por otra parte, fue arrestado en 1973 y acusado de solicitar a un hombre para tener relaciones sexuales en el baño de un cine. Por un lado, Jones prohibía el sexo fuera de matrimonio entre miembros del templo, mientras que por el contrario él mismo participaba en relaciones sexuales con ambos hombres y mujeres miembros del Templo. Por una de esas relaciones nació su hijo, Jim Jon. Su droga de preferencia era la morfina, y por supuesto la abusaba en gran medida. Su paranoia de que su ministerio fuese quitando fue lo que finalmente lo enloqueció. Con una tranquila confianza, convenció a la mayoría de sus seguidores a cometer "suicidio revolucionario" con él. Esto dio resultado a la mayor pérdida de vidas americanas civiles por un acto singular deliberado hasta los ataques del 11 de septiembre de 2001.[7]

Si alguna vez hubo una prueba que "espíritus engañadores" puedan causar que un hombre pierda su mente, era ésta. Una cosa llevó a la otra, exponiéndose a voces que no eran de Dios. El resultado final fue una tragedia más allá de lo imaginable. El poder de los "espíritus engañadores" es increíble.

Ahora es el momento de pasar al segundo escalón de verdades fundamentales, y es nuestra alabanza y adoración. El gran avivamiento del Espíritu de Dios moviéndose entre Su pueblo ha aumentado de manera constante en el siglo 21. La libertad que tenemos como cristianos para alabar y adorar a nuestro Dios se ha disparado hacia arriba en comparación con generaciones anteriores. Por primera vez en años parece haber una opinión general sobre cómo el nombre del Señor debe ser alabado con expresiones vibrantes del corazón. El ratón de la iglesia de hoy en día ya no es callado (si es pentecostal, quiero decir). El ruido que sale desde nuestros santuarios a veces puede ser escuchado desde la calle, y es un ruido alegre además.

Cómo Satanás Manipula Nuestra Alabanza

Una de las cosas que debemos preocuparnos al acercarnos al Señor, es como Satanás tratará de manipular nuestra alabanza y adoración para que nosotros no consigamos lo mejor que Dios tiene para ofrecer. En el pasado él ha utilizado nuestros dones en contra de nosotros, y viendo que ese método tuvo mucho éxito, continúa manteniéndonos lejos de lo mejor de Dios, haciendo cortocircuito las bendiciones del cielo. Porque está consciente de que el movimiento del Espíritu de Dios en nuestra adoración abre la puerta a lo sobrenatural, le da la oportunidad una vez más de usar "espíritus engañadores" para confundirnos. Tan injusto que parece ser; usando nuestras armas contra nosotros mismos simplemente no parece correcto. Aquí es donde el uso de nuestro manto entra en juego. Como se dijo anteriormente, el manto con el que Dios nos ha equipado, nos protege de espíritus engañadores. Mientras llevemos puesta nuestra santidad (ambos dentro y fuera), no hay diablo en este lado del infierno que nos puede engañar. Si nos encontramos en esa situación es sólo porque hemos permitido al enemigo que entre.

En cada servicio de la iglesia, Satanás no le preocupa si podemos alabar y adorar hasta llegar a nuestra victoria. No hay forma que pueda detener el poder de Dios caer si los santos de Dios están dispuestos a adorar al Señor en espíritu y en verdad. Lo que hace, nos engaña, al esperar a que el movimiento del Espíritu de Dios disminuya y entonces él tiene una oportunidad de robar nuestra victoria enviando espíritus engañadores a nuestro camino para confundirnos. Es una táctica muy exitosa por que sin la protección espiritual del manto, es temporada de caza contra nosotros. Dicho esto, debemos llegar a la conclusión de que "vestir modestamente" es algo más que una regla y regulación. En realidad, aleja malos espíritus en un momento en que somos más vulnerables. Ha habido infinidad de veces en el pasado que después de un derramamiento glorioso del espíritu de Dios ha saturado todo el santuario, al día siguiente hay reportes de jóvenes que cayeron en pecado sólo momentos después de esa experiencia gloriosa. ¿Por qué ocurrió eso? Debido a que no había protección espiritual para ellos y fueron incapaces de discernir las voces y o los sentimientos registrándose en sus mentes y corazones, y por consecuencia tomaron malas decisiones.

La Batalla Se Vuelve Más Feroz

Una vez que las dos verdades fundamentales se hayan destruido, Satanás tiene una línea directa para trabajar en la tercera y más importante verdad. Él hará todo lo posible para sabotear nuestra creencia en la doctrina de la Unicidad que Dios nos ha revelado. Cuando las dos primeras verdades han sido comprometidas por nuestras nuevas creencias, entonces se convertirá en algo mucho más fácil para que él nos convenza de dejar nuestra creencia más importante, la Unicidad de Dios.

En el libro de Apocalipsis encontramos la documentación de las siete iglesias de Asia Menor. Una de esas iglesias tenía una herencia orgullosa de que eran muy celosos por el nombre de Jesús.

> *Y escribe al ángel de la iglesia en Pérgamo: El que tiene la espada aguda de dos filos dice esto: Yo conozco tus obras, y dónde moras, donde está el trono de Satanás; pero retienes mi nombre, y no has negado mi fe, ni aun en los días en que Antipas mi testigo fiel fue muerto entre vosotros, donde mora Satanás. Pero tengo unas pocas cosas contra ti: que tienes ahí a los que retienen la doctrina de Balaam, que enseñaba a Balac a poner tropiezo ante los hijos de Israel, a comer de cosas sacrificadas a los ídolos, y a cometer fornicación. Y también tienes a los que retienen la doctrina de los nicolaítas, la que yo aborrezco.*
>
> (Apocalipsis 2:12-15)

Pérgamo es tristemente famosa en las Escrituras porque eran una "iglesia sensual." También estaban fuera de la voluntad de Dios siguiendo el error de Balaam (es decir, codicia y lujuria). El adulterio y la fornicación corrían desenfrenadamente por las calles de Pérgamo, y nadie parecía tener el deseo de poner las cosas en orden. Su lema era: "Si se siente bien, hazlo." La gracia que los salvó fue el hecho de que estaban dispuestos a diligentemente mantener el nombre de Jesús. A medida que estos espíritus comenzaron a tomar completo control, fueron capaces de atacar la siguiente doctrina fundamental, que era el recibir el bautismo del Espíritu Santo con evidencia en hablar en otras lenguas. Su creencia en recibir el espíritu de Dios nunca cambió. Lo que cambió, sin embargo, era la forma en que el don era de ser recibido y mantenido. Como espíritus engañadores tomaron el control de la iglesia de Pérgamo, el hablar en lenguas no se consideraba ya la evidencia inicial de que se había recibido el Espíritu de Dios. Añadido a sus creencias era esta filosofía. El espíritu está muerto, el nombre de Jesús ya no es importante, pero la búsqueda del conocimiento es ahora primordial para nuestro éxito en Dios.

No tardó siglos para que un cambio de filosofía se manifestare en Pérgamo. Ellos aún se consideran a sí mismos personas religiosas, pero su religión ahora se basaba más en lo que ellos creían que era en lugar de lo que Dios había establecido. Cuando el hombre siente que está en control de su propio destino, es una señal enorme de que el juicio de Dios no tarda. ¿Por qué? Esto es así porque la humanidad quedará en manos de su propio entendimiento, una decisión que finalmente terminara en desastre.

La batalla por el alma ruge y sigue intensificándose. No queda mucho tiempo antes del juicio final y Satanás está irremediablemente condenado a su destino final; es decir, el infierno. Nuestros fundamentos espirituales fueron diseñados para protegernos en última instancia de este tipo de ataques de pánico. Nuestras bases han comenzado a desmoronarse, y una vez que se destruyen, todo lo demás se derrumbará también.

Si fueren destruidos los fundamentos, ¿Qué ha de hacer el justo?

(Salmo 11:3)

Una vez que se han ido, se han ido para siempre. ¿Realmente podemos correr ese riesgo?

CAPÍTULO 6

PECADOS PRESUNTUOSOS

Preserva también a tu siervo de las soberbias (Presunción); Que no se enseñoreen de mí; Entonces seré íntegro, y estaré limpio de gran rebelión.

(Salmos 19:13)

Estoy seguro de que en un momento u otro, usted ha escuchado la palabra presunción o presuntuoso, pero si yo le preguntara lo que en detalle significa, estoy seguro de que iba a recibir una serie de miradas en blanco. Dado que los tres capítulos siguientes de una manera u otra se tratara de este tema, nos corresponde dar una definición para ayudarnos a mantenernos a todos en un mismo parecer. Webster dice que una persona que es presuntuosa es *demasiado confiada: algo echo, o realizado sin permiso, derecho o buena razón, sobrepasar los límites y tomarse libertades.*[8] Desde el principio hay que dejar algo claro. **PRESUNCIÓN** no es **FE**, ni tampoco tiene ningún lugar en la discusión acerca de la fe. Sutilmente a tirado la fe al piso y está determinada a no dejar que se levante. ¿Cuál es la diferencia entre las dos, usted puede preguntar? La fe es suelta cuando Dios nos da una orden y nosotros obedecemos las instrucciones. Siempre es iniciada por Dios, por lo tanto, Dios tiene la obligación de hacer que se cumpla. La presunción, por otro lado, no es más que una buena idea que se inicia humanamente. Podría en algunos casos traer gran bendición, pero a decir verdad la persona está jugando con su vida y / o ministerio cuando la razón por hacer algo bueno en el reino de Dios la presunción está el centro. Es tan despreciada por Dios que al evitarla, uno puede ser inocente de gran rebelión.

Satanás ha ideado un plan diabólico para sustituir la fe con presunción. ¿Por qué está tan seguro de que su arma de elección tendrá tanto exitoso? Era el mismo error que el cometió cuando fue uno de los más altos ángeles de Dios, Lucifer. La presunción le hizo creer que podía ascender al trono de Dios y ser tan poderoso como el Señor mismo. Él ha continuado a lo largo de los siglos utilizando esta arma efectiva, y cuando alguien cae en la trampa, los resultados son siempre desastrosos.

El efecto de este error es el mismo que cuando el trigo y la cizaña se confunden uno con otro. Ambos son muy similares en apariencia y es difícil distinguir la diferencia entre los dos. El trigo tiene la capacidad, cuando se come correctamente, de traer fuerza a nuestros cuerpos. Cizaña, por otro lado, tiene un aspecto muy similar al trigo, pero comerlo causara enfermedad. Cuando una obra se lleva a cabo presuntuosamente, Dios está obligado a responder a nuestra petición no importa lo noble que pueda parecer. Si lo que estamos tratando en el reino de Dios no es iniciada por Dios, Él no puede ser obligado a cumplir. Podríamos conseguir una respuesta positiva de vez en cuando, pero la mayoría de veces va a terminar en fracaso y por consecuencia causar un daño irreparable. Es por eso que nuestro tomar pasos de fe en tiempos pasados ha sido tan impredecible, unas veces funcionó otras veces no. La presunción hace que las respuestas a las oraciones sean tan impredecibles que llegamos a la conclusión de que es una pérdida de tiempo porque hay una enorme posibilidad de que usted no recibirá un resultado positivo de Dios de todos modos, ¿por qué intentarlo? Realmente no vale la pena la molestia.

Caín y Abel

La historia que encontramos en la Biblia de los dos hermanos, Caín y Abel, es una historia llena de presunción. Cuando las órdenes del cielo llegaron, se pidió a los dos hombres ofrecer sacrificios a su Dios. Era costumbre en aquel tiempo ofrecer un sacrificio de animal, pero sólo Abel cumplió con la orden de Dios. En la preparación de su sacrificio, Caín creyó que si él ofrecía a Dios lo mejor de su jardín sería suficiente para satisfacer la petición de Dios. Era claramente un error presuntuoso de su parte, porque sustituir un sacrificio de sangre con un sacrificio de comida no cumplía el requisito de sangre que Dios demandaba en todos los sacrificios para El. Estoy seguro de que Caín debió pensar, "¿Cuál es el problema? Sólo va a ser quemada por el fuego de todos modos; los resultados llegarían a ser los mismos." El supuso que el sacrificio era un ritual y no tenía ningún significado espiritual. Resultó que, este sacrificio de sangre era sólo un anticipo del supremo derrame de sangre en el Calvario. Hubo una verdad importante que Caín había descartado por completo cuando sustituyo su ofrenda.

Y casi todo es purificado, según la ley, con sangre; y sin derramamiento de sangre no se hace remisión.

(Hebreos 9:22)

Su presunción causo que su sacrificio fuese rechazado por Dios y su amargura resultó en el asesinato de su hermano, Abel. También lo llevó a creer que él también, al igual que su sacrificio, estaba siendo rechazado por el mismo Dios. Su pecado presuntuoso causó un juicio más severo de lo que podía aguantar.

Y él le dijo: ¿Qué has hecho? La voz de la sangre de tu hermano clama a mí desde la tierra. Ahora, pues, maldito seas tú de la tierra, que abrió su boca para recibir de tu mano la sangre de tu hermano. Cuando labres la tierra, no te volverá a dar su fuerza; errante y extranjero serás en la tierra.

(Génesis 4:10-12)

Se podría pensar que ser un fugitivo y un vagabundo, corriendo de la sociedad por el resto de su vida, habría sido suficiente castigo otorgado a Caín. ¿Qué puede doler más que estar siempre prófugo, sin poder confiar en ninguna alma, viviendo una vida sin poder establecerse en un solo lugar? Tan desagradable y difícil que su juicio había de ser, no era nada comparado con la daga que sentía en su corazón cuando, a partir de ese día, el fruto de su trabajo seria maldecido; El producto de frutas y verduras bendecido que él producía por lo cual era conocido sólo sería un recuerdo lejano. Lo que él produjera ahora en el campo no se acercaría a la comida grande y madura que había producido antes de su pecado. El producto de su trabajo de ahora en adelante sería un recordatorio constante de que substituir presunción por fe no valía la pena.

La Muestra de Presunción del Rey Saúl

La presunción estuvo a la vanguardia de la caída del rey Saúl. Su potencial de convertirse en un gran rey no tenía límites. Fue su presunción lo que en última instancia se convirtió en su derrumbe. Nunca podría alguien anticipar el triste final que pondría fin a su vida, porque él tenía todo lo que Israel buscaba en su primer rey. Su primer grave error se produjo cuando él creía que sacrificar sin autoridad para hacerlo sería superado por la necesidad. Seguramente tenía que haber excepciones a la regla, y por la forma en que él pensaba, este era uno de esos casos. En su visión de túnel, tendría que ser justo para preparar espiritualmente a sus tropas para la guerra, incluso si eso significaba ir más allá de su autoridad para hacerlo. En ese tiempo y lugar sólo los sacerdotes y profetas podían efectuar sacrificio al Señor. Debido a que el profeta Samuel llegó tarde para el sacrificio, la impaciencia de Saúl pudo más que él y se adelantó. La ira del profeta Samuel por el incidente le tomo por sorpresa porque sólo estaba tratando de hacer algo bueno al preparar espiritualmente a sus hombres para la guerra. A sus ojos, Como podría un sacrificio de sangre dado con un espíritu correcto ser rechazado por Dios? Su corazón no sólo estaba en el lugar correcto, pero también estaría realizando un acto espiritual. Las acciones de Saúl me recordaron de una situación años atrás cuando era muy nuevo en el Señor y era el líder de nuestro grupo local de jóvenes. Sin saber que nuestra nueva obra misionera estaba exenta de dar ofrendas a la oficina de distrito, me tomé la libertad de pagar las cuotas de nuestro grupo de jóvenes personalmente a los oficiales del distrito. Cuando me llamaron a la oficina del pastor para que explicara mis acciones, yo estaba completamente asombrado por su disgusto. Pensé que asumir la responsabilidad de ayudar a nuestra pequeña congregación habría sido visto como algo noble a los ojos de nuestro pastor. Pero lo que no sabía era que un acuerdo había sido hecho entre nuestra iglesia local (en realidad una obra misionera) para estar exentos de pagar cualquier dinero que se debe al sector o distrito. Sin saberlo, yo había puesto a mi pastor en una situación embarazosa cuando él también tuvo que explicar por qué nuestro grupo de jóvenes podría cumplir con sus responsabilidades financieras cuando el resto de la iglesia local no podía. Aprendí mi primera (y es triste decirlo, no mi última) lección de presunción y el daño que puede causar. Ahora bien, podemos volver al dilema de Saúl.

Un Sacrificio Ilegal
La respuesta, por supuesto, viene cuando ese mismo sacrificio se hizo de manera ilegal. En su conocimiento limitado, Saúl no pudo ver que el Señor tenía todo asegurado y ya había preparado a Israel para la victoria máxima. Con este acto de desobediencia, se abrió a sí mismo a malos espíritus, los cuales lo controlarían y atormentarían por el resto de su vida. La reacción de Saúl al rechazo era típica en que él transfirió la culpa de este percance, poniéndola sobre su siervo David, y por el resto de su miserable vida su atrevimiento le persiguió hasta la tumba. Su último acto de presunción: se excedió en su autoridad, una vez más, tomando la libertad de cometer suicidio.

...Entonces tomó Saúl su propia espada y se echó sobre ella. Y viendo su escudero a Saúl muerto, él también se echó sobre su espada, y murió con él. Así murió Saúl en aquel día, juntamente con sus tres hijos, y su escudero, y todos sus varones.

(1 Samuel 31:4-6)

Su presunción resultó no sólo en un suicidio cobarde, sino que también fue responsable de la muerte de sus tres hijos, sin olvidarnos de todos los soldados que perdieron la vida en la batalla de ese día. La presunción de verdad es una asesina.

Presunción Disfrazada de Fe

Uno de los intentos más ruines de Satanás para influir la voluntad de Dios en otra dirección es cuando trata de disfrazar la presunción como fe. Él es un maestro intentando sacar la palabra de Dios fuera de contexto y de esa manera confundiendo a aquellos con quien está tratando de alejar de los mandamientos de Dios. Cuando Eva recibió sus órdenes de Dios, en realidad las había recibido de segunda mano de su marido, Adán. Al igual que en la mayoría de los casos en que cuando la verdad es comunicada de una persona a otra, hay una gran posibilidad de que la claridad se pierda en la recepción y la comisión no es completada en la forma en que fue encargada. Satanás se aprovechó de esto por medio de metérsele a la serpiente para poder cuestionar la palabra de Dios. Lo que la serpiente tenía que decir a Eva parecía razonable, pero en realidad él sabía sin ninguna duda que su sugerencia iba a hablar al orgullo de ella también.

Entonces la serpiente dijo a la mujer: No moriréis; sino que sabe Dios que el día que comáis de él, serán abiertos vuestros ojos, y seréis como Dios, sabiendo el bien y el mal.

(Génesis 3:4-5)

Su presunción tuvo la oportunidad de mostrar su cara cuando ella meditaba en la promesa falsa de que comer de la fruta ayudaría tanto a ella como a su marido a ser como Dios. ¿Quién en su sano juicio podía dejar pasar una oferta como esa? ¿Qué podría tener de malo obtener características divinas? Ese día la presunción de ella invalido su obediencia, y sin permiso se tomó la libertad de comer del fruto, que terminó en un juicio más severo del que podía imaginar. Su vida nunca sería la misa, teniendo niños en partos dolorosos y la pérdida de su lugar de autoridad en el jardín para vivir en sumisión a Adán por el resto de su vida. Ella había sido creada por Dios para gobernar el mundo lado a lado con su esposo; Adán. Él demostraría los atributos más masculinos de Dios (poder, fuerza, unción, etc.) Con la misma autoridad, Eva (Adán II- Génesis 3:20) demostraría al mundo el lado más suave de Dios (amor, alegría, paz, etc.) Juntos formarían la plenitud de Dios en la tierra. Su presunción de lo que podía pasar al comer el fruto para ella y su marido nunca llegó a pasar. De las dos primeras creaciones de Dios, ella fue la única en sufrir las mayores pérdidas.

La Tentación de Jesús

Era ese tipo de victorias morales que Satanás usó para reunir el valor suficiente para intentar engañar a Jesús mediante el uso de sus propias palabras en su contra. Comenzó apelando a su hambre y debilidad corporal después de cuarenta días de ayuno en el desierto.

> *Y después de haber ayunado cuarenta días y cuarenta noches, tuvo hambre. Y vino a él el tentador, y le dijo: Si eres Hijo de Dios, di que estas piedras se conviertan en pan.*
> (Mateo 4:2-3)

Era un recurso que usó con éxito una y otra vez con otros que habían proclamado su lealtad a Dios y sólo a él. Pero cuando nadie estaba mirando, se quebraron bajo la presión y cedieron. Jesús no cayó en la trampa, sino que utiliza su palabra para combatir la tentación.

> *El respondió y dijo: Escrito está: No sólo de pan vivirá el hombre, sino de toda palabra que sale de la boca de Dios.*
> (Mateo 4:4)

Él finalmente se reusó a que la presunción contaminara el uso de sus dones para beneficio personal. Él sabía que el pan podría satisfacer sus necesidades físicas, si fuera necesario, mientras que la palabra de Dios podía realizar la misma función también.

Apelar a la naturaleza de Dios era lo siguiente en la lista de tentaciones, cuando otra vez Satanás usó las Escrituras para engañar a Jesús para que hiciere algo que sería impío. Él estaba tratando que el Señor utilizara el mismo rasgo de carácter que causó su caída del cielo; es decir, el orgullo. Esta vez Satanás usaría la palabra de Dios como anzuelo. Mira los resultados.

> *...y le dijo: Si eres Hijo de Dios, échate abajo; porque escrito está: A sus ángeles mandará acerca de ti, y, En sus manos te sostendrán, Para que no tropieces con tu pie en piedra.*
>
> (Mateo 4:6)

Si el Señor hubiera cumplido con la solicitud de Satanás, habría atraído sin duda una gran multitud, donde al mismo tiempo en última instancia, mostraría un estilo sin igual para lo dramático. La respuesta de Dios fue claramente una demostración de " quien estaba a cargo " cuando respondió:

> *Jesús le dijo: Escrito está también: No tentarás al Señor tu Dios.*
>
> (Mateo 4:7)

Sabiendo que ser rescatado de una caída no era parte del plan para ser recibido como el Salvador del mundo. El éxito del Maestro no estaría determinad por una caída hacia abajo, pero al ser levantado.

> *Y yo, si fuere levantado de la tierra, a todos atraeré a mí mismo.*
>
> (Juan 12:32)

La última tentación que Jesús tuvo que soportar fue una que apelo en su propósito aquí en la tierra.

Otra vez le llevó el diablo a un monte muy alto, y le mostró todos los reinos del mundo y la gloria de ellos, y le dijo: Todo esto te daré, si postrado me adorares.

(Mateo 4:8-9)

Satanás le ofreció el mundo con un pequeño truco: Él debe inclinarse y adorarle. No habría obstáculos futuros, los retrasos o distracciones de realizar su misión terrenal. El camino a la victoria pudo ser uno sin derramar una gota de sangre. Estoy seguro de que Jesús al considerar la oferta se encontró con un problema importante:...

...Sin derramamiento de sangre no se hace remisión.

(Hebreos 9:22)

Ceder a las demandas de Satanás habría demostrado el máximo acto de presunción, tomando el camino más fácil, algo que el Señor nunca consideró. Preservar por el camino menos transitado ha sido siempre la manera de Dios, ¿por qué habría de cambiar ahora? Después de su última respuesta al diablo, Satanás huyó derrotado una vez más.

Haciendo un Cambio de Paradigma

Cada cristiano exitoso tendrá en un momento u otro que hacer un cambio paradigma que hará su fe inamovible. ¿Qué es un cambio paradigma, en sí mismo? Por definición, *es una teoría o un conjunto de ideas acerca de cómo se debe hacer algo, lo hecho o lo pensado.*[9] El viejo refrán (siempre se ha hecho así, ¿para qué cambiar?) Usado por siglos ya no se sostiene más. Este cambio que Dios está pidiendo es la llave que abrirá la puerta a lo sobrenatural. El tiempo se acaba, hay muchas almas aún por salvar. Nuestro tiempo que queda aquí en la tierra no puede ser malgastado haciendo las mismas cosas una y otra vez, sin ningún resultado positivo. Si nos consagramos a Él, Él será fiel al mostrarnos el camino.

El apóstol Pedro no estaba listo para la gran misión que el Señor estaba colocando a su cargo. El apóstol Pablo aún no se había convertido, por lo que el trabajo de predicar el mensaje de Hechos 2:38 cayó sobre Pedro por necesidad. Era el deseo de Dios de usar a Pedro para llevar el plan de salvación al mundo gentil de cualquier forma. Sus prejuicios hacia a las personas que no habían nacido hebreos era típico de la nación judía. Los judíos siempre miraban de menos a cualquiera que no había nacido con la misma sangre que ellos. No era tanto que Dios eligió usar una visión para hablar con Pedro en esta ocasión, ya que la comunicación a través de visiones y sueños era algo común. No era pedir mucho a Pedro que entendiera que Dios realmente estaba hablándole a él. Era más por lo que el contenido de la visión que tenía a Pedro completamente confuso. Las instrucciones que recibió eran abominables en que se le indicó matar y comer animales inmundos. Durante siglos, este acto fue considerado ilegal a la nación hebrea, y romper esa ley en última instancia, sería considerado un acto evidente de desobediencia. ¿Cómo podría Dios posiblemente contradecir su palabra cuando se había practicado esa manera por muchos, muchos años?

Lo que Pedro no se dio cuenta fue que la ley ceremonial que trató desesperadamente de mantener sin falta se había cumplido cuando Jesús murió en la cruz. Sin siquiera tener ningún conocimiento de este cambio de paradigma, el velo del templo se rasgó inmediatamente después de que Jesús murió, lo que significó el inicio de una nueva era. Por primera vez en la historia el plan de la salvación tendría un cambio de dirección nunca antes experimentado. La salvación ahora se adquiría por arrepentimiento del creyente nuevo y a continuación, ser bautizado en agua en el nombre de Jesús, que termina este ejercicio con el llenar del Espíritu Santo con la evidencia de hablar en otras lenguas. (Hechos 2:38) Lo que sería aún más difícil de comprender y aceptar sería el hecho de que esta salvación que estaba reservada exclusivamente para los judíos en el pasado ahora se abriría a todo el mundo de los gentiles también.

Una visión desde el cielo se le dio a Pedro para suavizar el golpe de que un siervo gentil en breve tocaría a la puerta de Pedro, solicitando su presencia en la casa de su amo. Incluso con aviso suficiente, cuando la solicitud se hizo finalmente, la reacción inmediata de Pedro fue de incredulidad y confusión. Lo que se le pedía era desobedecer una costumbre que él y todos los judíos dedicados a su fe habían obedecido durante siglos. Esta petición no fue solo descabellada, era ilegal también. La ventaja que Pedro tuvo al tomar esta decisión fue el hecho de que él no tenía que hacerlo solo. En el día de Pentecostés, cuando había recibido el don del Espíritu Santo, el Espíritu de Dios no sólo se dio como parte del plan de salvación, pero su funcionalidad podría extenderse a nuestra vida diaria también. Entonces demostraría ser una ventaja valiosa para ayudarnos a navegar a través de las decisiones más difíciles en nuestro camino. El resultado final: Pedro predicó un mensaje de salvación similar al del día de Pentecostés a un grupo de gentiles asombrados. Así igual de asombrados fue el grupo de judíos que Pedro había llevado con él como testigos. ¿Por qué? Estaban igualmente sorprendidos cuando llegaron a ver de primera mano el Espíritu Santo caer sobre incrédulos que no eran de la fe judía.

Cuando el choque inicial se disipó, su fe se incrementó a aceptar este nuevo mensaje y todos los que estaban escuchando a este hombre judío hablar en ese día fueron salvos. El Señor fue capaz de hacer que esto ocurriera a pesar de que Pedro no estaba totalmente a bordo con esta comisión. Aunque el Señor se aseguró de que Pedro fuera parte de este gran derramamiento del Espíritu de Dios, cuando el polvo finalmente se calmó, Pedro todavía no estaba totalmente convencido de que lo que había hecho era en realidad lo correcto. La historia nos dice que el prejuicio de Pedro hacia la nación gentil continuó hasta que fue confrontado por el apóstol Pablo y reprendido por su hipocresía. (Gálatas 2:11-14) Eso de por si hacía lo que sucedió en el día de Pentecostés, aún más impresionante y debería ser una lección para todos nosotros hoy en día. Dios no va a esperar hasta que tengamos todo en orden. Él usará hombres y mujeres imperfectos para cumplir su voluntad, porque el factor determinante de ser usado por Dios no es la perfección, sino la disponibilidad. Por un momento brillante, Pedro puso su perjuicio a un lado y dejo que Dios hablara a las personas que estaban en gran necesidad de salvación. Demostró ser un momento que el mundo entero nunca olvidaría.

Porqué las Iglesias no Crecen
Cuando se trata de lidiar con la presunción, se debe aceptar que es un obstáculo importante para el crecimiento de la Iglesia. Al igual que la cizaña es confundida por el trigo, la presunción es la fe de un hombre carnal. Se esconde en las sombras, nunca es lo suficientemente claro para poder confiarse. El reproche que se pega tiene efectos de largo alcance, ya que permite a la gente a desacreditar, deshonrar, y culpar a Dios por no cumplir su palabra. El desastroso resultado no es culpa de nosotros, porque como todos pudieron ver hicimos nuestra parte al tomar un paso de fe (en realidad era presunción). Si nos tomamos esa ruta al culparnos a nosotros mismos por no tener suficiente fe, siempre estaremos en crisis sin la menor idea de por qué

Dios no responde a nuestras peticiones. Sin embargo, debido a que estábamos mal informados es mucho más fácil de desviar nuestros fracasos al mismo Dios que aceptar la responsabilidad de nuestras acciones presuntuosas. Lo que lo hace aún peor es que a los ojos de los que no son salvos, Jesús se convierte en otra persona en su vida que no puede cumplir con sus promesas. Él, como todos los demás en sus vida, se quedar corto con sus promesas. La oportunidad única para la salvación de las vidas de los demás se desaprovecha a causa de las acciones presuntuosas de una persona en particular a quien Dios nunca le respondió.

Son sus actos de fe verdaderamente iniciados por Dios? Cuando presunción se disfraza de fe, se convierte en uno de los planes más diabólicos, tan bien pensado que la culpa de nuestros fracasos se traslada de nosotros a Dios mismo. Como un ciego, andamos a tientas alrededor en la oscuridad, sin tener la menor idea de lo que Dios requiere de nosotros. Parece que nunca nos graduamos del nivel de fe de "atinar y errar", y nuestro crecimiento espiritual se paraliza. ¿Cuál es su vida? ¿Es una vida de fe, dinámico y en constante crecimiento? ¿O la presunción lo tiene por el cuello, retorciéndose por su vida, sin saber lo que viene después?

Nuestra fe es por el oír, y no por presumir. Una buena obra sólo es buena cuando usted es llamado por el espíritu de Dios para lograrlo. Es entonces y sólo entonces que Dios tiene la responsabilidad de hacer que el resultado de su fe sea bendecida. Si no dejamos que la presunción tenga dominio sobre nosotros, podemos vivir nuestras vidas libres de culpa y seremos inocentes de grandes transgresiones.

CAPÍTULO 7

NUNCA LO VI VENIR

Hay camino que al hombre le parece derecho; Pero su fin es camino de muerte.

(Proverbios 14:12)

    Cuando la presunción está en su plenitud trae el inicio de desastres por la puerta trasera. La devastación causada en muchos casos es permanente y no se puede deshacer. La persona en espera de su bendición será cegada por algo que surge inesperadamente. La opción del fracaso nunca se consideró, porque ¿cómo sería posible que una obra buena no podría tener éxito? El consenso general fue que la fe demostrada (no presunción) traería los resultados deseados y se podría seguir con confianza al próximo reto. Al principio todo parecía tan correcto, ¿cómo podría cualquier cosa salir mal?

    En otro incidente de la desobediencia de Saúl, un vistazo más cerca será la prueba que la presunción, una vez más, estaba en el centro de este error. Cuando el Señor le dio otra oportunidad de redimirse de sus errores anteriores y de sus decisiones es triste decirlo la presunción, no la fe, pudo más que él de nuevo. Como comandante general de Israel, Saúl no estaba exentó de seguir las leyes de Dios, y se entendía que tenía que seguir la línea con la misma cautela que los hombres y mujeres bajo su mando. Su desobediencia fue tratada cuando Samuel, al llegar al campamento, oyó el bramido de las ovejas. Cuando el profeta llama una vez más a Saúl a confrontarlo, de nuevo fue agarrado desprevenido por el regaño de Samuel. Al trazar sus pasos de lo que acababa de suceder, no podía conciliar en su mente cómo el preservar a los mejores animales para el sacrificio podía ser tan malo. Cuando Samuel continuó inspeccionando la desobediencia de Saúl, se enteró de que el rey desobediente había absuelto las vidas de las mujeres y los niños también. (Es muy posible que el amalecita que más tarde trató de tomar el crédito por el asesinato de Saúl fuese parte del remanente absuelto de la muerte.) Tal como los detalles de su pecado siguieron aumentando más evidencia de su desobediencia, al final no había lugar para que se escondiera. Fue en este momento que podría haber suavizado el golpe del juicio que le acontecería. Sin embargo, fue su incapacidad para admitir su error, y con una mentira trató de encubrir su falta.

Cuando Samuel reprendió a Saúl por su indiscreción, Saúl nunca vio venir eso. El juicio de Dios lo golpeó como un camión Mack llevándolo desprevenido a la devastación y desesperación. Él nunca fue el mismo después de lo ocurrido, por lo que encontró un chivo expiatorio en el salmista David, y desde ese día en adelante David cargó con la culpa de todo lo que estaba mal en Israel.

La Presunción Conduce Siempre a la Negligencia

La presunción siempre conducirá a la negligencia de una manera u otra. Después de sufrir un derrame cerebral en 2013, una de las deficiencias físicas que me quedó es lo que los médicos llaman "negligencia" Puedo ver a través de los dos ojos, pero es el ojo derecho que ha sido afectado por la negligencia. Lo que básicamente se reduce a es que puedo ver a través del ojo derecho, pero estoy restringido en ver sólo lo que está al frente o hacia la izquierda de mí. Mi visión periférica se me ha quitado totalmente y estoy en desventaja cuando estoy en público. Cuando se me acercan por mi lado derecho, debido a la negligencia, no veo a esa persona hasta que casi caminan directamente delante de mí. Esto lleva a muchos momentos de miedo, porque parece que la gente siempre me está sorprendiendo y me sobresaltó. He sido instruido por los médicos, para cuando este en público, a que continuamente gire mi cabeza de izquierda a derecha para que pueda tener la habilidad de ver bien, y las sorpresas de repente se reduzca al mínimo.

Aunque voltear mi cabeza para escanear todo lo que está frente a mí es un acto antinatural, en lo que se refiere a los médicos, es la única alternativa para poder ver las cosas como todo el mundo. Ellos han dicho que si quiero tener la habilidad de conducir un vehículo de nuevo, tendría que hacer algo para volverme a enseñar las reglas de la carretera utilizando los recursos que ya tengo, pero que nunca he usado. Este concepto es similar a lo que me hicieron los médicos cuando decidieron operar para reparar el daño causado por bloqueos en mis venas. Al llevar acabo el bypass quíntuple, en realidad tomaron las venas de las dos piernas y los trasladaron a mi corazón. Cinco diferentes derivaciones fueron necesarias para reparar los daños causados por las arterias obstruidas que fueron por lo menos unas al 70 por ciento obstruidas, y otras hasta al 100 por ciento. El hecho de que lo que se me ha pedido no es natural en comparación con cómo he sobrevivido en el pasado, no significa que no pueda utilizar otros recursos para poder sobrevivir. En todo caso, la falta de visión debe por todos los medios ayudarme a compensar esta pérdida mediante el uso de los otros sentidos con los que Dios me creó. Afilar mis habilidades en escuchar, tocar, sentir y oler, en todo caso, me ayudarán a navegar mediante la pérdida de la visión para funcionar apropiadamente a través de mi vida. Cuando miro hacia atrás en mi vida espiritual, me doy cuenta de que Dios ha hecho la misma cosa en que Él me ha llamado a un ministerio de "señales y maravillas." He aprendido por experiencia que no puedo confiar en mi vista "andamos por fe y no por vista" ha sido una gran parte de ese proceso de aprendizaje. Mis mayores fracasos trabajando en el Espíritu han tenido lugar cuando lo que veo delante de mí no concuerda con lo que Dios me está diciendo acerca de la situación. Es una manera en que Dios nos desea hablar a todos nosotros, si le diéramos tan sólo esa oportunidad. Cuando he confiado en Él, poniendo mi propio conocimiento y experiencia a un lado, se ha creado un ambiente para que Dios se mueva milagrosamente.

Un Ciego Me Sorprendió

Mi pérdida de la vista me ha recordado una gran lección que aprendí de un hombre ciego que tuve el privilegio de conocer cuando enseñamos juntos en un campamento juvenil del distrito. Nunca me olvidaré de este hombre de Dios porque él dejó una impresión indeleble en mí. Los niños que habían llegado al campamento durante siete días estaban entre las edades de 12-14. Eran un grupo animado, y a esa edad muy traviesos. Al ver que iban a ser enseñados por un hombre ciego los tenía muy inquietos; En sus mentes, iban a tener un día divertido con este pobre hombre discapacitado. Deberías haber visto el choque en sus rostros cuando un estudiante trataba de escabullirse fuera del cuarto, sólo para ser reprendido y avergonzado por el maestro ciego, que le decía que se sentara. Cuando otros trataron de escupir o tirar cualquier tipo de basura, el profesor sabía exactamente quién lo había tirado y los ponía de inmediato en su lugar. Después de un par de incidentes similares, yo estaba sorprendido sobre las reacciones de los estudiantes y cómo el maestro ciego tenía completo control sobre todos y cada uno de ellos, aunque no podía verlos.

La Presunción Conduce a Negligencia Espiritual

Cuando estamos involucrados en los asuntos espirituales, lo que parece justo y correcto no es más que una visión parcial de la situación entera. Lo que en última instancia podría destruir una vida, relaciones, carrera, etc., se oculta por la negligencia y no se puede ver. Una falsa sensación de seguridad reemplaza la sabiduría convencional hasta que es demasiado tarde. Los resultados a continuación son desastrosos y algunos irreparables.

El libro de Proverbios, conocido por dar consejo sabio, documenta una situación en la que un joven es seducido por una prostituta. Su presunción de la situación dio lugar a una falsa sensación de seguridad que le dijo que podía manejar sus avances sin quemarse. Si este joven hubiera sido sabio, habría temido a la situación y habría corrido del mal. Pero debido a que era un necio, su confianza en sí mismo fue su perdición. Su presunción era lo suficientemente fuerte como para sobrellevar su falta de experiencia. Él nunca tomó en consideración el hecho de que nunca había lidiado con una mujer con tales poderes de persuasión, y sin embargo, estaba muy confiado de poder mantener su propio dominio en el territorio de ella. Ya sea por el orgullo del hombre o simplemente por su insensatez, es increíble cómo el hombre no desea mostrar ninguna señal de debilidad. Por otro lado, las Escrituras dicen que un hombre sabio sabe cuándo huir del peligro y vivir para pelear otro día.

> *El sabio teme y se aparta del mal; Mas el insensato se muestra insolente y confiado.*
>
> (Proverbios 14:16)

Sus palabras halagadoras fueron inesperadas y lo abrumó hasta que cedió a ella. La consecuencia de su error era más de lo que él había planeado.

> *…Y no sabe que es contra su vida…*
>
> (Proverbios 7:23)

En otras palabras, **Él nunca lo vio venir!**

José sabía sus límites por lo cual él nunca se puso en una situación comprometedora. Su temor de Dios lo salvó del mal, incluso en frente de la adversidad. Esto le permitió rechazar los avances sexuales de la mujer de su jefe. Incluso la cárcel no podía convencerlo de lo contrario.

> *Fíate de Jehová de todo tu corazón, Y no te apoyes en tu propia prudencia. Reconócelo en todos tus caminos, Y él enderezará tus veredas.*
>
> (Proverbios 3:5-6)

Si decide apoyarse en su propia prudencia, siempre limitara sus opciones. Su negligencia en asuntos espirituales descartará lo milagroso en su vida. Usted nunca será capaz de ver y aceptar las grandes cosas que Dios ha preparado para usted. Espiritualmente hablando, usted se convertirá en el hijastro no amado, siempre un día tarde y un dólar corto.

Evitando Errores Presuntuosos

Luchando a través de capas de engaño siempre será una gran tarea. La agenda de Satanás está tan bien escondida que esto me recuerda de una teoría que una vez oí. Se llama la teoría de *seis grados de separación*,[10] y en el caso de Satanás engañándonos al alejarnos de la voluntad perfecta de Dios, parece que la aplica. Estas capas son tan profundas que es casi imposible rastrear el origen de este plan ruin. Es envuelto atractivamente a la vista, y resbala suavemente. El problema comienza cuando el engaño no puede ser digerido. Similar a lo que ocurre en un cuerpo físico cuando la comida no es digerible, puede causar enfermarse, y si no es tratada puede causar la muerte. Es el plan de Satanás rondar tan debajo del radar para que nunca pueda ser culpado por el montón de caos que entre a su vida. Cuando finalmente descubra la raíz, estará tan profundo que tomar una decisión racional es casi imposible. Cuando finalmente se toma una decisión, por lo general es una equivocada. Lo que parece demasiado bueno para ser verdad realmente es.

Nahas Amenaza a Israel

Israel se hallaba en un dilema cuando se encontraba en el desierto en un territorio desconocido. La tensión había llegado a ser insoportable, y para aliviar la presión le pidieron a Samuel que los dejara ser gobernados por un rey. El plan perfecto de Dios para tener trato directo estaba siendo rechazado por su pueblo. Tener un solo hombre que decidiera por ellos era menos complicado y no amenazante. Querían servir al rey que físicamente podían ver y los haría similar a todo el resto de las tierras que los rodeaban. Nunca sintieron que podían apoyar a sus líderes porque no eran tan majestuosos como los que dirigiendo a los otros países que habían encontrado. La desventaja de la petición de Israel era que ellos no iban a tener un contacto directo con Dios. Se darían cuenta lo suficiente rápido que este deseo no satisfaría a ellos de igual forma. Después que la elección se había hecho de coronar a Saúl como primer rey de Israel, muchos de ellos no estaban satisfechos con la elección de Dios, por lo que su nivel de estrés no aminoraba. Ellos comenzaron un viaje interminable para aliviar el estrés, uno que no se podía encontrar.

Nahas el amonita había amenazado a Israel al establecer un campamento alrededor de ellos y el miedo causo que ellos se acercaran a él con una ofrenda de paz. Querían asegurarse obtener un acuerdo con él, un pacto que les permitiría vivir en paz bajo su reinado sin incidentes. Su temor jugó a su favor y la petición era simplemente hacer un pacto con ellos, fuera lo que fuera, y ellos a su vez le servirían como su rey. Su contraoferta fue algo inesperada y les había encontrado desprevenidos. Israel, tenía que invertir mucho pensamiento en esta decisión, porque él estaba pidiendo mucho más de lo que estaban dispuestos a dar. ¿Cuál era la contraoferta del rey?

> ... *Con esta condición haré alianza con vosotros, que a cada uno de todos vosotros saque el ojo derecho, y ponga esta afrenta sobre todo Israel.*
>
> (1 Samuel 11:2)

En la superficie, aunque dolorosa, era factible y superaba su única otra opción, que sería ser asesinados por el ejército de Nahas. Para continuar viviendo, incluso en esas condiciones dolorosas, sería más que compensar la pérdida de un ojo.

La petición del rey del ojo derecho me despertó mi curiosidad por ver si había alguna razón en particular por qué eligió el ojo derecho. El comentario de Adam Clarke ato cabos con algunos antecedentes de 1 Samuel 11:2: "*El que se opone a su escudo al enemigo con su mano izquierda, consecuentemente esconde su ojo izquierdo, y mira a su enemigo con su ojo derecho, entonces el que remueve el ojo derecho hace a los hombres inútiles para la guerra.*[11]

La capacidad de luchar con éxito se basaba en el uso de sus escudos y sin ellos se quedarían indefensos. El mayor impacto de perder el ojo derecho significaba que ya no serían capaces de defenderse expertamente, y un guerrero que no puede luchar es una vergüenza para su país. Lo que el rey estaba contando cuando hizo este prospectivo trato era que este acto de salvajismo no sólo sería un desastre para el ejército israelí, pero en última instancia, garantizaría su absoluta sumisión a él. Podía estar seguro de que no habría ningún problema de Israel, porque su capacidad de luchar se habría quitado por completo. Teniendo en cuenta que de sí significaría el fin de Israel como una nación poderosa. Ellos estarían siempre a merced de personas que no conocían el verdadero Dios, y les gustara o no, tenían que vivir con eso.

El Uso Oculto De Satanás de Presunción

Al tratar de conducirnos fuera de curso mediante la interrupción de nuestra visión, el objetivo principal de Satanás es causar lo mismo en nuestras vidas. Es mucho más fácil hacer lo que pensamos. Nos imaginamos que Satanás se pasa todo el largo día creando situaciones en nuestras vidas para causarnos que cometamos graves pecados que nos dominen. Lo que es aún más malvado y mucho más exitoso es el hecho de que la verdadera definición del pecado no es más que "errar el blanco". Él es más exitoso cuando él puede conseguir que nos movamos ya sea un poco hacia la derecha o hacia la izquierda para dirigirnos a nosotros fuera lo suficiente para fallar a Dios y su perfecta voluntad. El pecado de la presunción está en el centro de "errar el blanco", y no se necesita mucho para deshacer lo bueno que Dios ha tratado de establecer con Su palabra.

Satanás se meterá clandestinamente con sus actividades ocultas, mediante la presunción como su arma principal. Tenemos que ser capaces de contrarrestar su ataque con el arma más eficaz, que viene siendo nuestra fe. La fe debe ahora convertirse en nuestra arma de preferencia si vamos a derrotar al enemigo, dejándolo indefenso. La presunción no puede y no va a entorpecer nuestro destino. Es triste decirlo, nuestra definición actual de la fe es el resultado de nuestra visión limitada. El espectro completo de la fe debe ser adherido a si vamos a ir más allá de nuestro concepto limitado de la fe, que no ha traído mucho éxito en nuestra vida hasta este punto.

Nuestra definición actual de la fe es el resultado de nuestra visión limitada. Satanás nos ha engañado exitosamente al hacernos creer una definición de fe que no nos ha servido de nada. Nuestro concepto de la fe está tan enlodado y ensombrecido por el fracaso que no tenemos ninguna confianza "salir fuera del barco," por decir, para hacer grandes cosas para Dios. El espectro completo de la fe debe ser respetado y puesto en marcha, porque si no, nunca vamos a ser eficaces en Su reino.

Me gustaría compartir con ustedes ahora una definición de fe que yo desconocía y la mayoría de los cristianos hoy en día no se dan cuenta de que existe. Hay una Escritura fundacional que se ha utilizado una y otra vez sin la plena revelación de su propósito.

Así que la fe es por el oír, y el oír, por la palabra de Dios.
(Romanos 10:17)

No deje que la familiaridad de la Escritura cierre su mente a lo que voy a escribir. La mayoría de los que están leyendo esto en este momento no prestarán más atención, porque desde el primer día siempre ha sido una de las más sagradas y valoradas Escrituras en nuestro arsenal. Sin embargo, ha sido esta la única Escritura de la fe que no ha sido completamente comprendida. Esa falta de entendimiento ha provocado más de una desilusión, porque Dios no respondió a lo que según usted llama fe. Esto es lo que escribí en mi segundo libro, " Desenredando los Misterios de la Fe. " Va a encontrar esta definición de la fe completamente diferente a lo que estamos acostumbrados a escuchar y leer. No lo descarte tan pronto, déjelo absorber y deje que el Señor hable a usted para ver si esta definición en particular y su explicación funcionaran para usted.

Se nos ha enseñado por generaciones que si oímos la palabra escrita de Dios, de la forma que sea, eso aumentará nuestra fe. La clave del asunto es que esto es verdad y mentira a la vez. La clave para entender este pasaje en su totalidad está en la traducción no de la palabra "palabra." La mayor parte del tiempo "palabra" es traducida como "logos," y eso es correcto. Por contexto se traduce como la Palabra escrita de Dios.

El problema que encontramos en Romanos 10:17 es que el griego "palabra" que se usa aquí es "rhema." Rhema se traduce como la palabra "hablada" de Dios. Ahora bien, hay veces que la palabra escrita puede ser rhema, pero rhema no es necesariamente la Palabra de Dios. Si limitamos la definición de rhema solamente a Palabra escrita de Dios, entonces perdemos al Espíritu de Dios hablándonos diariamente.

Aquí es donde la mayoría de las personas se pierden. Nos han enseñado que en tiempos de dificultad debemos abrir la Biblia, encontrar un pasaje que se ajuste a nuestra situación y aferrarnos a el por fe. A menos que el Señor le haya guiado específicamente a ese pasaje en particular y le haya indicado que lo siga por fe, sus esfuerzos no serán más que una lotería. He visto muchas personas usar este método sin éxito alguno, por lo que han desistido de vivir por fe completamente.[12]

Con ambas definiciones funcionando en el momento adecuado, el impacto total de una fe dinámica puede ser realizado. Ya no es necesario buscar a tientas en la oscuridad, buscando a ciegas la presencia de Dios sin obtener las respuestas que necesita. Si estamos dispuestos a abrir los ojos, sin presunción, le ayudará a evitar decir, **NUNCA LO VI VENIR.**

CAPÍTULO 8

JUGUEMOS A LA GALLINA

... No te desampararé, ni te dejaré; de manera que podemos decir confiadamente: El Señor es mi ayudador; no temeré Lo que me pueda hacer el hombre.

(Hebreos 13:5-6)

El juego de la gallina es un juego que estoy seguro de que todos hemos jugado en un momento u otro. Es un juego que se ha jugado por generaciones y nadie quiere ser llamado "gallina." Un ejemplo del juego es; dos conductores, ambos dirigidos a un solo carril de un puente desde direcciones opuestas. El primero en desviarse del camino le sede el puente al otro. Si ningún jugador se desvía, el resultado es un punto muerto costoso en la mitad del puente, o una colisión frontal potencialmente fatal.[13]

La popularidad de este juego raro es uno que ha llegado a todo el mundo y se muestra entre jóvenes y adultos por igual. El juego en realidad ha tomado vida propia, porque la palabra "gallina" se usa en casi cada vez que se demanda un desafío. Lo que haya causado un desacuerdo o un malentendido generalmente puede ser resuelto con jugar "a la gallina." La palabra ha tenido una connotación tan negativa que nadie en su sano juicio se le ocurriría permitir que otra persona tome la libertad de decirle eso en su cara. Casi se pudiera decir como se dice en el sur al oír esto, "palabras de busca pleito." El que está en el extremo receptor de esas palabras por lo general va a terminar por sacarlo fuera al patio trasero para demostrar que él no es ninguna gallina. Es increíble cómo el mismo Satanás ha usado esta táctica en particular, con mucho éxito. Es parte de sus mejores estafas, en la que él uso del temor negativamente ha engañado a muchos hombres de Dios a rebajarse a pelear en el propio terreno de Satanás. Una vez que la lucha se ha peleado en sus términos el resultado nunca está en duda. Cuando Dios no está peleando nuestras batallas por nosotros, Satanás va a ganar cada vez. Todos sabemos que el miedo causa tormento (1 Juan 4:18). A medida que continuamos cediéndonos a el, trabajará en nosotros hasta que estemos completamente quebrantados. Es en este momento que él indirectamente matará nuestra bendición.

Lo Qué Satanás Hace, Dios lo Puede Hacer Mejor

Lo que Satanás puede hacer, Dios lo puede hacer mejor. También utiliza el miedo para Su ventaja, pero no de una manera satánica. La forma en que Dios usa el miedo produce nuestro respeto y nos lleva a un mayor conocimiento de Él. La diferencia entre este temor que Satanás usa con tanto éxito y el temor que Dios nos enseña en nuestras vidas, es el hecho de que el temor de Dios es reverencial (mostrando reverencia) mientras que el uso de Satanás del miedo trae tormento. Debido al respeto a Dios de Satanás es tan grande que nuestra reverencia al Maestro hará que nuestro enemigo huya.

Yo enviaré mi terror delante de ti, y consternaré a todo pueblo donde entres, y te daré la cerviz de todos tus enemigos. (Éxodo 23:27)

Si la palabra de Dios aquí en Éxodo no le emociona y enteramente le motiva a ir a cosas más grandes y mejores en el Señor, sin duda está menospreciándose y no está aprovechando el poder de Su palabra. Si pudiéramos comprender verdaderamente el impacto que las Escrituras de este tipo tiene, no sólo en nuestras vidas, pero en el enemigo, también, estaríamos mordiéndonos las uñas para ser usado poderosamente por Dios. El temor que Dios proyecta a Satanás se convierte más como una fobia que cualquier otra cosa. La palabra hebrea para el miedo en este caso es **krisisphobia**, significando temor a juicio. Sí, Satanás marcha alrededor como si fuera el dueño del mundo entero, pero en realidad todo lo que hace está motivado por el miedo. Él sabe cómo finalmente terminaran las cosas, y cómo Dios ha preparado un lugar especial para él en la eternidad. Será un lugar de completo tormento.

Por supuesto, es de común conocimiento que el mayor uso de miedo en contra de Satanás por parte de Dios fue en el Calvario. El temor de Satanás abarco tanto que desordeno y confundió su pensamiento. A lo largo de toda la experiencia, Satanás pensó que estaba en control cuando en realidad era el plan del Maestro de dar su vida en el Calvario por toda la humanidad. Si era tan inteligente como él se jacta de ser, le habría hecho caso a la sabiduría de la mujer de Pilato, cuando ella trató de advertir a su marido del error grave en el juicio que estaba haciendo. El orgullo pudo más que nuestro adversario, porque al final permitió que Jesús se convirtiera en el perfecto sacrificio necesario para traer la salvación a un mundo perdido. Matar a Jesús no iba a terminar Su ministerio, lo definiría. La remisión de pecados no era posible a menos que hubiera derramamiento de sangre y no se puede negar que la tortura que Cristo soportó tanto antes (por azotes) y durante (la crucifixión en sí) era un baño de sangre para que no hubiese duda. Con su sangre siendo esparcida en todas direcciones, Él dio su vida por nosotros.

Hay que llegar a la conclusión de que jugar a la "gallina" con Dios siempre será un caso perdido. Las cartas siempre se acumulan en su favor, y en este caso la casa siempre gana. A causa del Calvario, el amor es capaz de alcanzar tanto que nuestro pasado ya no nos persigue. Nuestra vida en el presente no nos incomoda, y a lo que nuestro futuro se refiere, no nos amenaza. El perfecto amor echa fuera el temor (1 Juan 4:18), y ahora estamos en condiciones de pasar a cosas más grandes y mejores.

Elías Vs Jezabel

A raíz de la gran masacre que leemos en el monte Carmelo en el primer libro de los Reyes, todo parecía estar puesto en orden por Elías para restaurar un desertado Israel de vuelta a su Dios. Se tomaron el tiempo para arrepentirse, regresando a estar bien con Señor, y Elías entretanto se convirtió en el héroe del momento. No pasó mucho tiempo para que Jezabel, la esposa del rey Acab, se enterara de la humillación de sus sacerdotes ante todo Israel. Para colmo de males, Elías entonces tomó el toro por los cuernos y mató a todos estos falsos profetas. Con esas noticias Jezabel se puso lívida en su ira hacia el hombre de Dios y lo amenazó de muerte. Es triste decirlo, su alboroto verbal y amenazas vacías causaron que Elías corriera a causa de que sus palabras se habían metido debajo su piel.

Entonces envió Jezabel a Elías un mensajero, diciendo: Así me hagan los dioses, y aun me añadan, si mañana a estas horas yo no he puesto tu persona como la de uno de ellos.
(1 Reyes 19:2)

Su amenaza escrita, aunque vacía, hizo deshacerse y huye como una niña. En lugar de enfrentarse a ella, el miedo se apoderó de él y decidió esperar hasta que el alboroto se calmara. Sin duda ella estaba contando con que Elías se olvidara quien era el en Dios, y si decimos la verdad, lo hizo. En los ojos de Dios y ante los ojos de todo Israel era un valiente hombre de Dios. Israel y Judá fueron conectados con Dios a través del ministerio de este hombre humilde. A causa de su miedo, sus pensamientos estaban tan revueltos que la fatalidad era todo lo que podía pensar.

Si yo estuviera tratando con Elías en esta situación como Dios, mi pregunta para él hubiera sido, "Elías, ¿qué estás haciendo aquí? ¿No puedes ver que ella está jugando a la gallina y que no puede respaldar sus amenazas?"

Elías Enfrentó a sus Temores
Cuando Dios restauró su confianza, se metió al juego sin pestañear. La unción de Elías fue evidente cuando no se rebajó a su nivel, al no responder con amenazas. Con el espíritu de Dios fluyendo por todo él respondió con una promesa en cambio.

De Jezabel también ha hablado Jehová, diciendo: Los perros comerán a Jezabel en el muro de Jezreel.
(1 Reyes 21:23)

Fue la promesa de Elías que Jezabel confundió con una amenaza. A lo largo de toda su vida, ella sabía cómo lidiar con incluso las amenazas más intimidantes, y con la experiencia se había convertido en una negociadora de primera. Sus negociaciones nunca fallaban, ella era muy eficaz en conseguir lo que quería. Por supuesto, eso significaba sacar la artillería pesada sin restricciones. Sabía en el fondo de su mente que las amenazas siempre podían ser impugnadas y negociadas. Eso era lo que jugar a la "gallina" se trataba. Lo que ella no se dio cuenta fue que nuestro Dios no juega a la "gallina".

así será mi palabra que sale de mi boca; no volverá a mí vacía, sino que hará lo que yo quiero, y será prosperada en aquello para que la envié.

(Isaías 55:11)

En retrospectiva, Jezabel nunca tuvo una oportunidad. El problema para ella era que ella nunca lo vio venir.

Un Día de Juicio

Jezabel comenzó a alistarse como siempre lo había hecho al usar de todas sus maneras mundanas de ataviarse a sí misma. Ella sacó la ropa sexy, el perfume caro con aromas que cautivan, maquillaje exótico de su tierra natal, y por supuesto el último estilo de peinado, siempre capturaba la atención. Estaba literalmente, como se dice, vestida para matar. Ella nunca llegó a darse cuenta de que había encontrado la horma de su zapato en este hombre de Dios llamado Elías. Jehú fue enviado a hacer frente a esta malvada reina.

Una última jugada a la "gallina" estaba a la orden del día. Desafiante hasta el final, Jezabel recordó burlonamente a Jehú de su amo, Zimri. Zimri había matado al rey Elá y volcó su trono. Su reinado duró siete días antes que desgraciadamente cometiera suicidio. Jezabel amenazó entonces Jehú de la misma manera, proclamando que su autoridad era débil y sus días estaban contados, al igual que su amo Zimri. Su juego de "gallina" no funcionó. Sus palabras no tuvieron efecto sobre Jehú, por lo que ordeno a los hombres en el balcón que estaban con ella de echarla de una ventana del segundo piso. Ella estaba herida de muerte, y para asegurarse de su muerte, Jehú pisoteó sobre ella con su caballo, con la sangre brotando hasta que no hubo más vida.

Jugando a la "Gallina" En Milwaukee

En octubre de 2013, ya que estábamos en el área de Milwaukee preparándonos para asistir a varias iglesias allí, sufrí un ataque al corazón y un derrame cerebral. Durante los siguientes cincuenta y dos días empezaría un período de sufrimiento como nunca había conocido antes. Parecía ser temporada de pesca en mí y fue una experiencia similar a la que soportó Job en el Antiguo Testamento.

> *Dijo Jehová a Satanás: He aquí, todo lo que tiene está en tu mano; solamente no pongas tu mano sobre él....*
>
> (Job 1:12)

Poco sabía en ese momento que el clima iba a jugar un factor importante en mi prueba de fe. Esa parte del país, como se vio después, tuvo que soportar uno de los peores inviernos en su historia reciente. Recuerdo cuando finalmente escapamos en diciembre, justo delante de una tormenta que paralizó Milwaukee por las próximas dos semanas. De todas formas, el juego comenzó lento pero metódicamente. El Señor me advirtió antes de tiempo de no llevar la cuenta de los días, porque cuanto más tiempo me quedé allí Satanás podría usar eso como una forma de deprimirme. Con esa advertencia, por lo general mantenía la habitación oscurecida lo más posible. De esa manera no sabría cuando los días comenzaban y terminaban.

El diagnóstico del médico fue muy claro y simple: yo había sufrido un derrame cerebral junto con un ataque al corazón. Al oír sus palabras, me sorprendió que nunca me di cuenta de que un ataque al corazón era parte del problema que tuve cuando mi visión se puso borrosa. Yo siempre había pensado que tener un ataque al corazón podría incluir una gran cantidad de dolor en el pecho y un sin fin de miedo. Sin embargo, hasta hoy no puedo decirle lo que es sentir un ataque al corazón debido a que no era nada como lo que había imaginado. Debido al problema del corazón, se decidió hacer más pruebas para ver que tanto dañado había sufrido el corazón. Fue en ese momento que los médicos encontraron cinco bloqueos que necesitaban atención inmediata. La obstrucción fue substancial, a veces hasta 100% por ciento, los otros eran en cualquier lugar entre 80 por ciento y 90 por ciento obstruido también. Se determinó que iba a necesitar una cirugía de bypass, que por decir lo menos, es una operación mayor. Antes de que los médicos pudieran reparar el corazón dañado, mi cuerpo necesitaba recuperar fuerzas, y de inmediato comencé un programa de terapia física que haría el truco.

A medida que los fisioterapeutas trabajaron en ayudarme a ponerme más fuerte, empecé otro tipo de terapia que resultaría aún más difícil. Debido a que el derrame había afectado a mi vista, que estaba en la parte del cerebro que también afecta a la memoria. La terapia del habla requerida que hiciera era para ayudar a mi memoria mediante el uso de técnicas que me desafiarían al máximo. De todas las terapias que yo estaba requerido a tomar (física, del habla, ocupacional), la terapia del habla fue la que trabajó más en contra que las otras. Lo digo porque las tareas sencillas que formaban parte del programa fueron las que en un principio estaba fallando miserablemente. Problemas de matemáticas simples y razonamientos, por no hablar de la parte más difícil de la terapia para mí, la memorización realmente tuvo su efecto. Las terapias se diseñaron en un nivel elemental; de hecho, en realidad eran juegos que originalmente fueron diseñados para ayudar a los niños. Hubo momentos de total frustración, sobre todo cuando yo no podía hacer los problemas de matemáticas sencillos que en el pasado lo podía hacer en mi sueño. Dios mío, yo era un profesor de matemáticas en el pasado, enseñaba materias en cualquier lugar desde álgebra asta cálculo, y en este caso yo no podía hacer operaciones sencillas de matemáticas. Por supuesto, el acusador estaba justo a mi lado a cada paso del camino, haciendo lo mejor para inquietarme, y si te digo la verdad, al paso del tiempo, realmente estaba funcionando.

El juego comenzó a intensificarse, y es increíble que tanto las cosas pequeñas, cosas insignificantes, se lanzan todos a la vez. Tenían un gran impacto tanto en mi pensamiento y mi fe. Las molestias se hicieron más grandes y más difíciles de tratar. Durante toda mi estancia en el hospital, mi capacidad para dormir fue quitada. Se hizo algo común a menearme y dar vueltas toda la noche, literalmente, y si tenía suerte dos horas de sueño sería lo máximo que pudiera conseguir. Mi inquietud me llevaba a buscar continuamente un mueble en la habitación en el cual pudiera dormir cómodamente, ya sea acostado en mi cama o dormir sentado en las diversas sillas que estaban en mi habitación. Este moverme de vez en cuando a lo largo de la noche también había afectado a mi esposa que, gracias a Dios, estaba conmigo durante toda la estancia en el hospital. Recuerdo que cuando me despertaba en las horas tempranas de la mañana para ayudarme a salir de la cama o de la silla en que yo había tratado de dormir y ni una sola vez se quejó. Probablemente estaba tan cansada como yo lo estaba, sin embargo, con la paciencia de Job siempre estuvo ahí para mí sin quejarse. De alguna manera en este momento yo sólo estaba promediando cerca de dos horas de sueño por noche, sin embargo, adquirí llagas de cama que de por sí hicieron un sueño cómodo imposible. Si el dolor habría sido sólo por la noche, habría sido mucho más soportable, pero me molestaban durante todo el día también.

    Al recordar el pasado sobre todo lo que tuve que soportar durante toda mi estancia en el hospital, los dolores, molestias e inconvenientes que tuve que soportar, si hubiera sido sólo un problema a la vez lo podría haber sobrellevado. Los mayores desafíos que enfrenté a diario eran tratar con un montón de pequeños problemas que parecían estar creciendo fuera de control. Por ejemplo, debido a los diversos cambios de turno en todo el día había instrucciones y / o toma de medicamentos que se dieron por error o no se daban en absoluto. No estoy seguro de cómo fuimos vistos por el personal cuando, después de un tiempo, cuestionábamos todo, y con razón. Si no hubiéramos tomado el tiempo para estar tan conscientes de lo que estaba pasando se hubieran causado problemas mayores.

    La operación, me dijeron, fue todo un éxito. Sin embargo, en mi mente pensé que mi estado físico se deterioraba en vez de mejorar. Yo había supuesto que después de la operación mi fuerza volvería y yo tendría la habilidad de, con tratamiento, recuperar mis fuerzas con el paso del tiempo. Eso no fue el caso, ya que sentí que mi estado físico estaba empeorando en vez de mejorar. Me cansaba más fácilmente, lo que hacía más difícil dar lo mejor de mí en las distintas terapias. Entonces me di cuenta de que yo no estaba preparado para esto mentalmente, y llegó a mí como golpe. Mi autoestima siguió decayendo al recibir un tormento emocional en la terapia del habla, y llegó a tal punto que temía los momentos en que iba a pasar con mi terapeuta del habla.

Ella era una persona amable, suave, sin embargo, la naturaleza de su trabajo le cambiaba, a mis ojos, en la bruja malvada del cuento. Sabía que en el fondo de mi mente que Dios no me había abandonado cuando mi autoestima estaba tomando un gran golpe todos los días, sin embargo, sentí como si así fuera. Hubo momentos en que sentí que iba a sufrir un ataque de nervios, y yo estaba haciendo mi mejor esfuerzo para confiar en Dios que me estaba cuidando. Al mismo tiempo, Dios estaba en silencio y había quitado Su presencia.

La intensidad del juego se hizo más dolorosa cuando tuve reacciones adversas a mis medicamentos. Los analgésicos que me dieron inicialmente habían causado sueños llenos de ansiedad. Hubo momentos en que me despertaba sin saber dónde estaba y haciendo preguntas muy redundantes una y otra vez. Después de que el medicamento fue quitado, la ansiedad continuó y nunca había sentido tales espíritus de miedo como sentí durante mi estancia en el hospital. Si usted ha leído alguno de mis otros libros, ya sabe que siempre he admitido una debilidad que es fuertemente causada por el miedo. Dicho esto, nunca había sentido espíritus de temor tan fuerte como yo tenía en Milwaukee. Era abrumador que no podía pensar con claridad, mi mente corría, haciendo que mi corazón latiera de una manera que parecía que se iba a desgarrar a través de mi cavidad toráxica, y pensé que iba a perder mi mente. Yo no lo podía creer cuando los médicos admitieron que algunos de los medicamentos que estaba tomando causaban las reacciones que sentía. ¿Cómo es que pueden vender un medicamento que pueda causar un efecto secundario tan negativo?

Al tratar de poner remedio a la situación, que me animaron a probar técnicas de respiración; Incluso nos trajeron un psicólogo para que me ayudara a centrar mis pensamientos en cosas positivas. Al ponerme en manos de los expertos de nuevo nada era eficaz para aliviar mi ansiedad. Finalmente llegué a la conclusión de que yo iba a tomar este problema en mis propias manos y tratar con él de la única manera que yo siempre había tratado con mis problemas en el pasado. Yo les dije que la próxima vez que un ataque de ansiedad se apoderara de mí, me hicieran el favor de salir la habitación para que me dejaran orar. Tan simple como eso suena, es la única manera de que yo siempre he sabido que me lleve a un lugar de paz. La próxima vez que un episodio se acercaba a mí, le pedía a todo el mundo que salieran. Con todos mis pulmones empecé a adorar el nombre del Señor. Sé que ellos podían oírme afuera en los pasillos, y yo realmente no me importó porque yo sabía que mi Dios era el único que sería capaz de librarme de esta ansiedad. El juego de la "gallina" había llegado a su punto culminante y el diablo me estaba desafiando directamente a ver si me echaba para atrás y dejarlo que tomara control de mi mente. Sólo hay una manera que sé cómo orar eficientemente, y eso es en el Espíritu. Comencé a hablar en otras lenguas, y no me importaba quien me estaba escuchando, lo único que sabía era que tenía que tocar a Dios. A veces, la batalla se enfurecía por más de media hora. En retrospectiva, hubo momentos en que no estaba seguro si Dios iba a venir. Seguí orando; invocando el nombre del Señor, y vez tras vez el Señor entraba a la habitación y me rescataba.

Después de la primera vez pensé que había roto la maldición, sólo para darme cuenta de que Satanás no se iba a dar por vencido tan fácilmente. Continuó en regresar, con la esperanza de romper mi resistencia, y tan débil como yo estaba a veces luché con mi oración hasta que mi Dios había contestado. Sé que había gente en el personal médico que pensaban que yo estaba loco, pensando cómo puede un hombre tan callado como él salga fuera de sí cuando él llama a su Dios? Todo lo que sé es que Dios nunca me ha dejado ni me ha desamparado, e incluso cuando lo sienta todavía sé que la palabra de Dios es verdadera.

Sabed, pues, que Jehová ha escogido al piadoso para sí; Jehová oirá cuando yo a él clamare.

(Salmo 4:3)

Ahora me doy cuenta, y en realidad siempre he sabido que el Señor me ha escogido para sí mismo para que él pueda escuchar cuando lo llamo a Él. No hay mayor confianza en este mundo que conocer a un Dios que responde al clamor de sus hijos. Me hubiera gustado escribir que la batalla por mi mente cesó de inmediato, pero no fue así. La batalla se prolongó durante semanas y meses, en realidad, hasta alrededor de un mes después de haber dejado el hospital. Cuando la Biblia declara que debemos resistir al diablo y huirá, no es una sola vez de resistirse y es todo, el asunto está resuelto. Habrá momentos en que la batalla está sin parar su curso y el cansancio pesará mucho en su mente. Pero en esos momentos hay que recordar Su palabra.

...porque El mismo ha dicho: Nunca te dejare ni te desamparare, de manera que decimos confiadamente: El Señor es el que me ayuda; no temere. ¿Que podra hacerme el hombre?

(Hebreos 13:5-6 LBDLA)

El juego de la "gallina" se puede jugar en nuestras vidas una y otra vez, y sin embargo, si tomamos en serio estas Escrituras, el resultado final siempre será el mismo. Nunca es mucho tiempo, y eso es una promesa absoluta que tiene la victoria escrito por todas partes. Si tenemos en cuenta los efectos de largo alcance de su poder y gloria podemos asumir la audacia que esta Escritura dicen que debemos tener. Cuando determinamos en nuestros corazones que la primera porción de la Escritura es verdadera, entonces adquirimos la mayor ayuda que pudiéramos obtener. Con confianza desbordante no sólo podemos levantarnos contra el enemigo en audacia valiente, pero también vamos a ser capaces de hacer esta pregunta de la escritura anterior, sin tener que nunca echarnos para atrás. ¿Qué puede hacerme el hombre? Juguemos a la "gallina" y descubre!

CAPÍTULO 9
EL PERDEDOR MÁS GRANDE

Todo tiene su tiempo, y todo lo que se quiere debajo del cielo tiene su hora. … tiempo de guardar, y tiempo de desechar;
(Eclesiastés 3:1, 6)

    Estaba navegando por la web un par de meses atrás y me encontré con un artículo que me pareció divertido. Hay un popular programa de televisión llamado "El Perdedor Más Grande", y había una gran cantidad de atención dada a la joven que había ganado el concurso. Según los expertos, perdió demasiado peso, demasiado rápido, y en vez de un aspecto saludable, en sus ojos, había ido demasiado lejos. Lea un extracto del escándalo que se extendió por todo el país:

Desde las miradas de entrenadores Jillian Michaels y la cara de Bob Harper, pueden haber estado pensando en lo que casi todo el mundo en Twitter y Facebook han estado publicando: La ganadora de "El Perdedor Mas Grande" Rachel Frederickson es demasiado delgada. Rachel, de 23 años pasó de 260 libras a 105 libras (un total de 155 libras), perdiendo el 60 por ciento de su peso, por lo tanto haciéndola 250,000 dólares más rica. Al verla, Jillian articuló, "Oh, Dios mío!" Transformación dramática de Rachel causó el debate de peso entre los espectadores del reality show de NBC, y muchos con el hashtag #anorexia cuando se refiere a su pérdida de peso.[14]

Si había perdido demasiado peso o no es realmente discutible. Si los médicos le han dado un certificado de buena salud, entonces "perder demasiado peso" está en el ojo del espectador. Se desconcierta mi mente cuando leo acerca de historias de éxito donde son muy criticados. Los grandes ajustes que tuvieron que hacer para llegar al punto donde se encuentran hoy no han sido fáciles, casi imposible. Siempre habrá un giro negativo en las personas que hacen lo que otros sienten que es imposible. Ya se trate de pura envidia o simplemente otra manera de racionalizar por qué ellos mismos no pueden hacer lo igual, la crítica continúa. En este caso, perdiendo tanto peso la puso en la categoría de una "perdedora." Por supuesto, la connotación de esa palabra en particular está lejos de ser positiva. Nadie en su sano juicio, en esta sociedad, con gusto aceptaría esa etiqueta, ya que con eso viene una gran cantidad de malestar.

Las personas que se consideran "perdedores" en nuestra sociedad son los parásitos que nadie quiere llegar a ser. Un perdedor, en muchos aspectos, es un pesimista, alguien sin suficiente corazón para terminar todo lo que ha comenzado. Ellos son negativos en su forma de pensar y siempre parecen tener una nube llena de lluvia a punto de estallar por encima de sus cabezas, con una llovizna que pondrá freno a cualquier cosa y todo lo que traten de lograr. La palabra tiene efectos tan profundos en la vida de uno que, incluso hasta considerar un final feliz a un problema realmente se convierte en un esfuerzo.

Un perdedor bien podría ser perezoso porque una persona perezosa tiene los mismos resultados mórbidos. Una persona perezosa nunca va a ganar, porque un ganador nunca es perezoso.

Ve a la hormiga, oh perezoso, Mira sus caminos, y sé sabio; La cual no teniendo capitán, Ni gobernador, ni señor, Prepara en el verano su comida, Y recoge en el tiempo de la siega su mantenimiento. Perezoso, ¿hasta cuándo has de dormir? ¿Cuándo te levantarás de tu sueño?

(Proverbios 6:6-9)

En un país (Estados Unidos) que recompensa la pereza (welfare) hay una batalla constante para ignorar las Escrituras con respecto a la hormiga trabajadora. La sabiduría sería fácilmente disponible si consideráramos sus caminos. Nadie le dice qué hacer o cómo hacerlo, de alguna manera en su mente ella será capaz de figurarlo. Se podría pensar que con la ayuda del Espíritu de Dios estaríamos motivados a trabajar duro para conseguir el éxito que todos estamos buscando. Pero, es triste decirlo, el camino fácil es elegido más veces que las que no, y nuestra etiqueta de "perdedor " cuelga de nuestro cuello como una carga pesada.

Perdedores Espirituales

Tan pésimo panorama como lo que he pintado de los supuestos llamados "perdedores" en nuestras vidas, las Escrituras nos animan a ir por ese camino y llegar a ser "perdedores" espirituales. Perdedores no como los que encontramos en el mundo de hoy, pero el tipo de perdedor Dios puede usar para su honra y gloria. ¿Existe tal cosa? Aunque nuestra sociedad nos enseña que ganar lo es todo, y tal vez es lo único que, en realidad, nos vamos a los extremos para evitar perder. Incluso aunque se estimulé en el reino de Dios, nuestro supuesto sentido común no nos permitirá cruzar esa línea. ¿Por qué? Debido a que manejamos el perder miserablemente. En nuestra forma de pensar, el tiempo para perder es un tiempo para lloriquear, quejarse y hacer excusas. Haremos cualquier cosa y todo a nuestro alcance para distanciarnos de ser llamados un "perdedor".

Esta mentalidad de evitar esta etiqueta ha causado paranoia, creer que un "perdedor " no es más que un leproso de hoy en día. El leproso del Antiguo Testamento fue tratado como un ciudadano de segunda clase, sin derecho alguno. Debido a que su enfermedad era incurable automáticamente era rechazado por la sociedad, con perspectiva negativa, como muy pocos. Los leprosos fueron completamente condenados al exilio y no tenían la habilidad de funcionar normalmente con familiares y amigos. Vivían en barrios aislados lejos de los que con facilidad pudieran contraer la terrible enfermedad que podría conducir a su muerte prematura. Debido a su aislamiento estaban limitados a vivir y tener comunión solamente con su clase. Esa era la única familia que llegarían a conocer.

Un Leproso de Hoy en Día

Hace años, mientras yo estaba pastoreando, uno de los miembros de nuestra congregación en ese tiempo era un ex leproso. Digo primero porque el Señor realmente lo sanó de la enfermedad. Él es un típico hombre Samoano grande, fuerte, sociable, y la única señal de que había sido afligido con la sentencia de muerte fue un ligero cierre de su ojo derecho. Aparte de eso, usted habría pensado que su crecer aquí en los Estados Unidos era normal y sin preocupaciones. Recuerdo que me dijo que, cuando era un niño creciendo en Hawaii, su vida fue pura felicidad. Con hermosas playas y selvas tropicales, Hawaii verdaderamente era para él el cielo en la tierra. Un día, cuando la familia viajó al otro lado de la isla para hacer una excursión al campo, llegaron a una zona que él no estaba familiarizado. Luego fue introducido a algunos hombres de Dios, ya su vez dejó a su familia para ir a jugar en la playa. Cuando regresó después de jugar en el agua, sus padres no estaban por ninguna parte. Buscó en todas partes por ellos, pero nunca los encontró. Fue entonces cuando los encargados de la colonia de leprosos le informaron de que la isla sería su nuevo hogar. Debido a que fue atacado por una enfermedad contagiosa, ya no podía vivir en la civilización tal como la había conocido. La noticia de su nuevo destino casi lo destrozo. Lo recuerdo contándome las muchas noches solitarias que paso en esa hermosa isla, llorar hasta dormirse. No fue sino hasta que el Señor en realidad le sano milagrosamente que fue puesto en libertad tanto de su sentencia de muerte y su pena de prisión. Él era un "perdedor" de otro tipo, sin embargo, fue excluido de una manera diferente.

Gracias a Dios, el Señor ve perder en una luz diferente. Es la diferencia entre la noche y el día, porque en sus ojos perder traerá consigo una vida eterna en gloria. Debemos llegar a la conclusión de que la vida eterna con Jesús es para los ganadores, no perdedores. Si la verdad es dicha, perder la vida por amor a Él es lo mejor que nos puede pasar a nosotros. Si esto es realmente cierto, entonces ¿por qué luchamos tan duro para evitarlo? Les puedo decir exactamente por qué. Perder siempre ha incluido la persecución (causando sufrimiento por creencias), que a su vez conduce a la tribulación. Es esta tribulación (una angustia procedente de persecución), que lleva a una vida de pena amarga.

> *Y también todos los que quieren vivir piadosamente en Cristo Jesús padecerán persecución*
>
> (2 Timoteo 3:12)

Se podría pensar que al dar su vida al Señor traería de nuevo la paz y la armonía a su vida. Por mucho que eso sea verdad, con esas características siendo una parte importante en su vida, ser perseguido es una señal que indica que usted está viviendo una vida santa como las Escrituras nos imploran hacer. Si no hay una persecución por parte del mundo exterior, entonces hay algo mal en su servicio a Él y su crecimiento y madurez será detenido de inmediato. Entiendo que esta advertencia de lo que se trata vivir para Dios es algo dolorosa y sombría, pero entiendo que vivir una vida bendecida en Dios significa que la persecución no se puede evitar.

Cuando la Persecución Produce Tribulación

El Señor no es un sádico de ninguna manera, pero entienda que permitir persecución para formar nuestras vidas en Él tiene sus méritos. ¿Qué bueno podría venir de tribulación?

> *...sino que también nos gloriamos en las tribulaciones, sabiendo que la tribulación produce paciencia*
>
> (Romanos 5:3)

Las Escrituras también nos dicen que en nuestra paciencia poseemos nuestra alma (Lucas 21:19) y nos conviene construir nuestra paciencia a través de nuestro sufrimiento. Es con esa forma de pensar que podemos superar incluso las tribulaciones más severas, porque la Escritura nos amonesta que Cristo ha vencido al mundo y su tribulación, con un éxito sobresaliente.

Estas cosas os he hablado para que en mí tengáis paz. En el mundo tendréis aflicción; pero confiad, yo he vencido al mundo.

(Juan 16:33)

Es bueno saber que, incluso en los tiempos más difíciles, la paz puede reinar en nuestros corazones. Es con ese conocimiento que la frase "paz en medio de la tormenta" puede ser comprendida y aceptada. Gente en esta vida que no conocen a Jesucristo como su salvador personal nunca serán capaces de comprender las palabras del Señor, porque en sus ojos la tribulación se convierte en nada más que un mal necesario. Ellos están dispuestos a soportar la carga de este período problemático, no porque sea beneficioso para su vida cristiana, sino porque en sus ojos, no hay manera de evitarlo. Ellos toman la actitud de que sólo deben sonreír y aguantar, si es necesario, y continuarán sus vidas realmente sin tener plenamente el beneficio de este tiempo dificultoso.

Aprendiendo a Través de la Tribulación

El entrenamiento de Job en el reino de Dios vino a través de severa tribulación. La humildad que le faltaba nunca podría ser cultivada a la perfección hasta que se le pidió soportar un período de sufrimiento enormemente doloroso. La prosperidad que él utilizó como emblema de éxito nunca podría proporcionar la experiencia que la humildad podría lograr. La bondad del Señor sólo lo consintió, dándole una visión poco realista de Dios. Él veía a Dios como el máximo proveedor, un genio espiritual por decir, y uno que siempre estaría ahí para satisfacer todos sus caprichos. ¿Qué sucede exactamente en la vida de una persona cuando lo que pide constantemente se le da sin ningún tipo de lucha? ¿Qué va a mostrar al mundo en cuanto a su personalidad y carácter se refiere? Por último,

¿qué lecciones valiosas de la vida nunca se aprenden porque las condiciones adversas nunca se les dan la oportunidad de fortalecer ese carácter? Cualquier persona que no ha tenido la oportunidad de ser humillada en la escuela de la humildad de Dios carece de la sabiduría necesaria para tener éxito en las cosas del Señor. Así es como me imaginaba a Job antes de su experiencia estremecedora con el sufrimiento. Estaba orgulloso e impaciente, y su carácter apestaba con intolerancia, verdaderamente en necesidad de un ajuste de actitud.

Cuando Job decidió hacer oraciones diarias al Señor por la salud y bienestar de sus hijos, en realidad les estaba haciendo un daño. No era tanto que Dios no iba a escuchar sus peticiones delante de Él, pero era la actitud de Job que había quedada corta. ¿De qué forma? Job tomó el tiempo para ponerse de rodillas todos los días para garantizar la salud y la seguridad de toda su familia. ¿Qué podría posiblemente haber de malo en eso? No cada cristiano dedicado hace lo mismo? Sí y no. No era sus oraciones realmente lo que necesariamente estaba malo, pero el hecho de que no hay evidencia establecida que él enseñó a esos niños a orar por sí mismos. Era mucho más fácil llevar su don de intercesión al trono de Dios, que enseñar esos mismos principios de oración a sus hijos. Su diligencia en su cuarto de oración nunca se transmitió a la siguiente generación. Fue suficiente para Job tener una relación personal con su Dios, en lugar de luchar con sus hijos que tal vez no tendrían el mismo deseo de tocar a Dios como lo hizo su padre. Job estaba descuidando uno de los más grandes mandamientos escritos por el hombre más sabio que jamás haya existido:

Instruye al niño en su camino, Y aun cuando fuere viejo no se apartará de él.

(Proverbios 22:6)

Que Decían en Realidad las Oraciones de Job

Cuando Job decidió asumir la responsabilidad de tocar el trono de Dios en nombre de sus hijos sin enseñarles a tener una vida personal con ese mismo Dios, estaba desobedeciendo indirectamente uno de los más grandes mandamientos que el Señor ha dado a nosotros como padres (Proverbios 22:6). Para que las generaciones futuras puedan continuar en los caminos del Señor, nuestras formas de creencia se deben pasar directamente a nuestros hijos por nosotros, los padres. No es la responsabilidad del pastor o el maestro de escuela dominical, por decir, sino que Dios ha escogido una forma más directa para que los niños capten su palabra. Nunca en sus imaginaciones más locas creyó que su decisión sería cuestionada por lo que vino después. Supuso que cubriendo todas las bases con su oración de intercesión sería suficiente para transmitir a sus hijos las grandes bendiciones que Dios había derramado sobre él.

Su diligencia en la oración, en constante petición a Dios en el nombre de sus hijos, en realidad estaba demostrando su impaciencia por hacer lo correcto. Eso no suena bien porque las Escrituras describen a Job como un hombre perfecto. Si lo que estaba haciendo y cómo oraba estaba fuera de balance, entonces las Escrituras que lo describen son falsas. Sabemos que la Biblia no miente y no se contradice, por lo que hay que cavar un poco más profundo para conciliar las diferencias.

> *Y Jehová dijo a Satanás: ¿No has considerado a mi siervo Job, que no hay otro como él en la tierra, varón perfecto y recto, temeroso de Dios y apartado del mal?*
>
> (Job 1:8)

La palabra hebrea para perfecto es (**taam**), que se traduce en la palabra piadoso.[15] Dicho esto, una definición más significativa de perfecto sería su reverencia a Dios, que estaba impecable. El trato de Job con la gente, por el contrario, dejaba mucho que desear. En mi vida me he encontrado con un buen número de perfeccionistas. A pesar de que parecen ser personas exitosas, por otra parte, su paciencia se acaba con bastante facilidad. Salen de sus casillas en un abrir y cerrar de ojos, cuando una imperfección es traída a su atención. Casi les sale espuma por la boca, y se muerden las uñas cuando un proyecto no se completa puntualmente, y el que es responsable del fracaso lo oirá claro y resonante. Nadie les puede decir nada a ellos porque lo saben todo. Por mucho que se les admira en la mayoría de los círculos por su capacidad para hacer las cosas, la gente sólo los tolera, porque no hay razonamiento con un perfeccionista. El lema, "a mi manera o nada" es su mantra, una que mantienen cerca de sus corazones. Eso, mi amigo, es un retrato instantáneo de lo que Job manifestó al resto del mundo, y por lo tanto Dios tuvo que tratar con él para hacerle una mejor persona.

Una Punto Aparte

Permítanme un punto aparte por un momento e incluir algo que siento es importante para la iglesia de hoy escuchar. Nosotros como Iglesia nos hemos convertido en algo religiosos en nuestro trato con los demás. Sé que cuando se trata de nuestra adoración a Dios estamos casi impecables con esa ofrenda personal entregados al Señor. Pero hay una razón oculta por la que nuestras iglesias no están creciendo al ritmo que Dios nos promete en su Palabra. Nuestras habilidades de tratar con personas carecen grandemente, y no es tanto que la gente está rechazando a Dios cuando compartimos el evangelio con ellos; en realidad, ellos nos están rechazando a nosotros. Tenemos que perder algunas cosas; es decir, nuestras inhibiciones, inseguridades, y el deseo de acaparar todas las bendiciones de Dios. En la economía de Dios eso a la larga nos hará los ganadores que Dios había proyectado que fuéramos.

Definitivamente, me puedo identificar con este hombre de Dios. En los ojos de los demás era irreprochable, por no hablar de la gran riqueza que había acumulado. Lea su currículo si desea, porque en comparación con otras personas en su época sus bendiciones estaban por encima de cualquier persona en la tierra, lo que le obtuvo el mayor respeto.

> *Y le nacieron siete hijos y tres hijas. Su hacienda era siete mil ovejas, tres mil camellos, quinientas yuntas de bueyes, quinientas asnas, y muchísimos criados; y era aquel varón más grande que todos los orientales.*
>
> (Job 1:2-3)

Mi identificación con Job no tenían nada que ver con la reputación o la riqueza. Nunca he usado ropa cara ni conducido un coche de lujo. Durante la mayor parte de mi vida la casa o apartamento en que hemos vivido han sido alquilados, no comprados. Nuestras vacaciones no eran extravagantes en que la mayoría de las veces, mientras ministramos nos quedamos en el área después para tomar nuestro descanso. Cuando dije que me podía identificar con este patriarca del antiguo testamento, lo que quería decir era que ambos hemos tenido relaciones similares con nuestro Dios. La oración en la mayoría de veces ha sido siempre una delicia, no un deber. Estoy seguro de que en uno de mis libros en el pasado he mencionado lo que voy a escribir, pero vale la pena repetirlo. Cada vez que entro a mi cuarto para estar a solas con Dios, siempre tomo la oportunidad para decirle que lo que estoy haciendo en cuanto a la oración se refiere va a ser más importante para

Su reino que cualquier cosa que yo pueda lograr en el ministerio por Él.

Ahora estoy a meses de mi cumpleaños número 60a (qué viejo me he vuelto), y cuando miro hacia atrás mi vida y lo que me ha ocurrido, la etiqueta de sufrimiento se podría adherir a mi vida sin que sea una exageración. Porque Dios, sin duda, ha sabido desde el principio que iba a cumplir mi promesa de compartir con cualquiera y con todo el mundo dispuesto a escuchar de la adversidad que he enfrentado en mi vida, pareciera que he sufrido más que la mayoría de los hijos de Dios. No escribo esto para subestimar a cualquiera que lea este libro, sin embargo, mi voluntad de compartir lo que me ha pasado y cómo Dios siempre me ha sacado con éxito, me hizo un candidato perfecto para pasar mucho tiempo en su "escuela del sufrimiento."

Lo que he Aprendido en Dios

¿Qué he aprendido de estas experiencias desgarradoras? He aprendido que cada promesa de protección, liberación y bienestar que se encuentra en las Escrituras han sido ciertas en mi vida en el más difícil de los tiempos. Cada vez que el Señor me ha librado de peligro o enfermedad física, el resultado ha sido de recibir una mayor revelación de la grandeza de mi Dios.

Alabaré yo el nombre de Dios con cántico, Lo exaltaré con alabanza.

(Salmo 69:30)

¿Cómo podría yo magnificar la grandeza y majestad del Señor, cuando de hecho sin mi alabanza todavía es interminable? Lo que esa alabanza realmente hace para mí y cualquiera que esté dispuesto a hacerlo, es magnificar la grandeza de nuestro Señor en nuestros ojos personalmente.

Literalmente, no puedes hacer a Dios más grande en Sus atributos de lo que ya es, excepto en sus propios ojos. Es así como nuestro agradecimiento por Él continúa expandiéndose a diario y crece más profundo en nuestros corazones.

El Perdedor Más Grande Jamás Conocido

Si hubiera un premio de Academia para el "perdedor más grande" en la vida real, ese premio, sin duda, iría al Señor Jesucristo. Tan blasfemo como pueda sonar, perdiendo su vida era la única forma en que el Señor podía cumplir su objetivo de traer la salvación a un mundo perdido. El castigo impuesto cuando un hombre era crucificado era un castigo reservado para los "perdedores más grandes" de la sociedad. Sin embargo, el Señor estaba dispuesto a asumir ese papel y ese ridículo el cual costo comprar la salvación de un mundo entero con el derramamiento de su sangre preciosa. Este castigo de muerte era considerado una maldición en aquellos tiempos.

Cristo nos redimió de la maldición de la ley, hecho por nosotros maldición (porque está escrito: Maldito todo el que es colgado en un madero)
(Gálatas 3:13)

Perder Su vida no fue tan fácil como todo el mundo hace que aparezca ser. Su agonía en Getsemaní se cuenta muy bien detallada, y sólo el hecho de que su sudor comenzó a caer como gotas de sangre demuestra la ansiedad presionada sobre Él; era algo que pocos han experimentado. Incluso llegó al extremo de suplicar por otra forma de morir si fuera posible. En última instancia Él sabía que para salvar una vida, otro tenía que perderla así que Él asumió el papel de cordero y clamo, *...pero no se haga mi voluntad, sino la tuya.* (Lucas 22:42)

Al concluir este capítulo sobre "perdedores," lo correcto es sacar a la luz tres formas de perder con Dios y cómo evitarlas:

1. Amar a su vida (más que a Dios) - *El que ama su vida, la perderá; y el que aborrece su vida en este mundo, para vida eterna la guardará.* (Juan 12:25) *…Cualquiera, pues, que quiera ser amigo del mundo, se constituye enemigo de Dios.* (Santiago 4:4)
2. Salvando su vida (contenerse) - *Porque todo el que quiera salvar su vida, la perderá; y todo el que pierda su vida por causa de mí y del evangelio, la salvará.*
3. Encontrar su vida antigua (peor opción) - *como perro que vuelve a su vómito, Así es el necio que repite su necedad.* (Proverbios 26:11)

Entendiendo que perder puede ser beneficioso en el reino de Dios no necesariamente lo cataloga toda su vida como un "perdedor." Se ha ordenado por Dios en ciertos momentos de nuestras vidas que perder nos bendecirá.

tiempo de buscar, y tiempo de perder; tiempo de guardar, y tiempo de desechar;
(Eclesiastés 3:6)

Siempre y cuando sea en el plan de la voluntad de Dios, realmente no tiene nada que perder y mucho que ganar.

CAPÍTULO 10

FUERA DEL DESIERTO

Entonces Jesús fue llevado por el Espíritu al desierto, para ser tentado por el diablo. Y después de haber ayunado cuarenta días y cuarenta noches, tuvo hambre.

(Mateo 4:1-2)

El diablo entonces le dejó; y he aquí vinieron ángeles y le servían.

(Mateo 4:11)

El desierto se descrito en la Biblia tuvo un papel importante en el crecimiento espiritual del pueblo de Dios. Examine conmigo los detalles de lo que significaba estar en una situación de "desierto".

El término general "desierto" puede sonar como que se refiere sólo a las zonas desoladas o al desierto, pero en el contexto de Palestina tiene connotaciones más amplias. Desierto no es sólo un tipo de lugar, es también un concepto cuando se trata de textos bíblicos. La palabra hebrea usada para el desierto, **midbar***, no sólo significa "un lugar desolado y desierto", también significa "aquello que está más allá." Por lo general, significa "más allá" de asentamientos organizados, el control del gobierno, y normas tradicionales civilizadas. Por lo general, las referencias bíblicas a Desierto son negativas: es un lugar de sed, hambre, privaciones de todo tipo, azotada por el viento, perseguido, etc ... Muy a menudo los profetas vagaban por el desierto, para ser "probados" o "tentados", así haciendo el desierto un lugar de renovación espiritual. Sobrevivir en el desierto demostraba que uno era capaz de superar los peligros físicos y psicológicos - no sólo porque uno se apartaba de fuentes listas de alimentos o agua, sino también de su comunidad. Cada vez que la Biblia hace referencia a un desierto, los lectores deben mirar más allá de la mera manifestación física y considerar las ramificaciones más amplias de lo que podría significar.*[16]

Hay otra definición de desierto la cual hay que prestar mucha atención. Webster lo toma desde un ángulo diferente, pero no hace falta decir que es igual de importante el incluirlo en nuestra discusión para poder obtener un espectro completo de lo que una experiencia en el desierto incluye:

(1): un tramo o una región sin cultivar y deshabitada por los seres humanos (2): una zona esencialmente inalterado por actividad humana junto con la comunidad se desarrolla la vida de forma natural[17]

Con ambas definiciones cargando el mismo peso, la discusión puede continuar en cómo las experiencias del desierto afectaron y continúan afectando a un hijo de Dios.

La Importancia de Ambas Definiciones

Ambas definiciones ciertamente se aplican a la vida cristiana en la que a veces nuestras experiencias en el desierto puede estar completamente seca, o en el otro lado, nuestro desierto espiritual pueden incluir una espesa selva que es extremadamente difícil de hacer camino a través de ella. No hay un alma en esta tierra que se deleite de sus experiencias en el desierto debido a que sus técnicas de supervivencia son retadas al máximo. De un extremo al otro, el desierto expone las debilidades y/o nuestra paciencia. No hay caminos cortos en el desierto, y sólo a través de un esfuerzo mayor (incluyendo sangre, sudor y lágrimas) podemos salir con seguridad de esta experiencia.

Nuestra perspectiva de las experiencias en el desierto espiritual tiene que hacer un giro radical en que se permite en nuestras vidas, no para destruirnos, sino fortalecer nuestra determinación. Es un requisito básico en nuestra clase de Crecimiento Espiritual 101. Si realmente quieres ser usado por Dios, tienes que meterte en la cabeza el único camino a la victoria es a través del desierto. Si no me crees, echa un vistazo a los siguientes ejemplos que esparcen a lo largo de toda la Biblia. Cada hombre o mujer mencionada aquí tuvo una experiencia en el desierto, una que les definió, no los destruyo:

Moisés salió del desierto, para partir el Mar Rojo. Josué salió del desierto, para mandar al sol que se detuviera. Cuando el pequeño David salió del desierto, él salió para matar a Goliat, el gigante. La fiesta de salir del desierto de Elías le permitió hacer bajar fuego del cielo. El apóstol Pablo entró en escena volteando el mundo de cabeza, cuando salió del desierto. ¿Cómo olvidar los tres jóvenes hebreos que no se quemaban en el horno, por que optaron por representar a Dios en el desierto? La reina Esther fue capaz de salvar a una nación al entrar al desierto del ayuno y de la oración y recibiendo una palabra de sabiduría que selló el trato. Por último, el apóstol Pedro predicó el mayor mensaje de salvación en el día de Pentecostés después levantarse desde el desierto para predicar el mensaje de Hechos 2:38.

Sé por experiencia que cuando se mencionan referencias de las escrituras que nos inspiran a mayores niveles en nuestro caminar espiritual con Dios, que muchas veces nos intimidan más que ayudar. Lo que tomamos de estas historias extraordinarias es que en nuestras vidas, en nuestra cultura, nunca podríamos llegar a la altura de las hazañas más espectaculares realizadas por estos súper siervos de Dios. Dicho esto, si alguno de los antes mencionados ciervos de Dios se sentaran con nosotros a compartir los detalles íntimos sobre cómo sus victorias se produjeron, podrimos entender que eran mucho más parecidos a nosotros de lo que pensamos. Creo que puedo pasar a la siguiente sección de experiencias en el desierto sin parecer excesivamente exagerado en los detalles. Considerando que en otros tiempos, testimonios como del que voy a escribir eran unos que sinceramente sentí estaban fuera de mi alcance. Cuando lea este primer testimonio entenderá por qué.

Una Experiencia que Nunca Olvidaré

Era 1974, a dos años de distancia de mi decisión de dejar mi carrera en el fútbol para servir al Señor. Al iniciar nuestro camino a nuestra convención anual de juventud en Phoenix, Arizona, mi corazón estaba dividido en cuanto a estar lejos de casa cuando USC iba a jugar contra su rival más odiado, Notre Dame, en Los Ángeles. Todavía sentía los efectos secundarios de no aceptar mi beca completa para la Universidad del Sur de California y realmente necesitaba levantarme el ánimo. Era más o menos al mismo tiempo que el juego iba a comenzar que estaba programado para asistir a un banquete de la juventud. Se invitó a un predicador especial, Donald Deck era su nombre y él era el presidente de jóvenes de la UPCI. El testimonio que dio ese día, más que un mensaje predicado, es uno que nunca olvidaré incluso cuarenta años después por el impacto que tuvo en mi vida espiritual. Los detalles pueden ser un poco borrosos y espero que le haga justicia al testimonio porque fue el primer testimonio que me introdujo a el ministerio de ángeles. Voy a utilizar la información documentada para describir los acontecimientos de ese día y luego usar mi memoria para describir los resultados.

Hace cuarenta y siete años, el ex marinero Charles Whitman se acercó a la parte superior de la torre del reloj de 307 pies de la Universidad de Austin Texas y disparó contra los estudiantes y los residentes de Austin por más de 90 minutos con un arsenal de armas de fuego, finalmente matando a 15 personas e hiriendo a 32 durante su matanza del 1ro de agosto 1966. Entrenado francotirador de marina, disparó a la mayoría de sus víctimas cerca del corazón. Whitman mató a su madre y esposa en las horas anteriores que comenzara a disparar desde su posición privilegiada en la plataforma de observación de la torre del reloj de 27 pisos, poco antes del mediodía del 1 de agosto de 1966. Quería ahorrarles la vergüenza de vivir con sus hechos. Durante su aterrorizante rabieta de tres horas, le disparó a una mujer embarazada, Claire Wilson, matando a su hijo no nacido con un disparo en la cabeza mientras estaba en el vientre de su madre. Wilson sobrevivió, pero no podría tener la habilidad de tener más hijos. El niño fue la decimosexta víctima de Whitman, sin embargo a veces el bebé no está en la lista del recuento final de los muertos. Tres décadas después una decimoséptima muerte se le atribuiría a Whitman cuando en noviembre de 2001 David Gunby murió de las heridas que sufrió cuando le dispararon ese día.

Le había disparado en la parte baja de la espalda, destruyéndole su riñón, dando lugar a un trasplante de riñón y una vida de tratamientos de diálisis. Después de más de una hora de caos en el campo de UT Whitman era tan aterrorizantemente exacto con su rifle de alto poder que disparó a las personas hasta 500 metros de distancia. McCoy y un pequeño grupo de personas se dirigieron a una plataforma de observación en lo alto de la torre de 28 pisos. McCoy disparó dos veces con su escopeta calibre 12, pegándole a Whitman en la cara.[18]

Como las balas empezaron a volar en ese fatal día, la precisión de este francotirador fue impecable. Eligió al azar a sus víctimas, y con una de esas balas golpeó a un joven con el nombre de Adrian Littlefield. Un estudiante en es tiempo, él era también un joven aspirante a evangelista. Su futuro era brillante porque se había dedicado al Señor y se notaba en los avivamientos que predicaba. Recibir el Espíritu Santo era algo común en el ministerio de este joven, y sin duda sus mejores años estaban por delante de él. Debido a que Whitman era tan experto tirador que de un disparo era por lo general un disparo mortal. Cuando este rifle apunto a Littlefield, la bala no lo mató al instante al igual que la mayoría de los otros, pero las heridas resultarían ser mortales si no llegaba a tiempo al hospital. Al escuchar las noticias que se transmitían, su padre hizo un esfuerzo para llegar a la universidad. Sin saber a ciencia cierta si su hijo había estado involucrado en el tiroteo o no, él no iba a dar nada por hecho y llegó tan pronto como pudo. De alguna manera, a través de la confusión, el Sr. Littlefield encontró a su hijo entre los heridos. A continuación, Adrián fue transportado a un hospital cercano, pero a medida que iba en la ambulancia por la pérdida de sangre le hizo perder la conciencia. El paramédico dijo al padre con insistencia que si su hijo se dormía habría una alta probabilidad de que iba a morir. Tenía que hacer todo lo posible para asegurarse de que estuviera despierto cuando la ambulancia llegara a la sección de urgencias del hospital. La debilidad que sufría Adrián era tal, que se desvanecía, y mantener los ojos abiertos era casi imposible. Cuando él no respondió a la voz de su padre para mantenerse despierto, su padre comenzó a sacudirlo, con la esperanza de que eso pudiera hacer el truco. Cuando Adrián no respondía a las sacudidas, su padre dio un paso más y comenzó a golpear a su hijo en la cara. Por mucho que le dolía a este papá tomar este curso de acción tan extremo, era necesario para mantenerlo con vida.

Llegando al Hospital en Caos
Cuando por fin llegaron al hospital, otra vez fue un desastre caótico. Por mucho que el Sr. Littlefield trató de exudar toda paciencia, en realidad, Adrián estaba muriendo. El Sr. Littlefield estaba fuera de sí y comenzó a levantar su voz en una manera de desesperación. "Tienen que hacer algo por mi hijo", les gritó. "Él tiene un llamado de Dios en su vida y él no puede morir." Con mucha determinación, finalmente convenció a un médico para que trabajara en su hijo inmediatamente. Haciendo la historia corta, la vida de Adrián Littlefield fue salvada. El diagnóstico de su recuperación era sombrío porque los médicos dijeron que su parálisis no le permitiría volver a caminar. Los Littlefields nunca creyeron el informe de los médicos y por lo tanto nunca perdieron la esperanza. Poco tiempo después, cuando Adrián fue dado de alta, lo hizo caminando sobre sus propios pies. Él no estaba completamente sano, porque se cansaba fácilmente, y teniendo en cuenta la condición de su salud tendría que buscar otra cosa en el reino de Dios que no fuera

evangelizar por todo el país, ya que sería demasiado agotador para su cuerpo.

Aunque vivió para luchar otro día, esa lucha no incluiría la ministración del evangelio como lo había conocido antes. Él tendría que adaptarse a esta forma de pensar y llegar a la conclusión de que esta nueva experiencia en el desierto iba a cambiar su vida para siempre. Él continuó ministrando aquí y allá, y cuando surgieron oportunidades para pastorear alguna iglesia él las rechazo cortésmente. Él no quería que nadie sintiera lástima por él y le favoreciera sólo a causa de una discapacidad debilitante. Estas ofertas a pastorear diversas iglesias continuaron hasta que un día aceptó una oferta.

Pastorear en Condiciones Adversas

Incluso poniendo todo el esfuerzo físico que podía reunir, sólo era suficiente para llegar al púlpito una vez a la semana el domingo. Un día de ministerio lo agotaba hasta el punto de que necesitaba aproximadamente de dos a tres días para recuperarse. Fue con este tipo de esfuerzo que el avivamiento estalló en esa pequeña iglesia. Rápidamente se llenó y la congregación de inmediato comenzó a trabajar en la obtención de un edificio más amplio para su ministerio. Cuando los fondos estaban disponibles para hacer ese movimiento, se programó un servicio especial de inauguración. Fue este servicio en particular que Donald Deck, el presidente internacional de la juventud en ese tiempo, asistió a esta celebración especial. Lo recuerdo a él (Deck) haber dicho esto en el recuento de la historia, cuando entró en esa iglesia repleta, sabiendo que el propio pastor apenas podía predicar una vez a la semana y sólo un cuarto de hora además. ¿Cómo podía ser posible que estallara avivamiento?

Miro a la multitud desde la plataforma, de nuevo preguntándose cuál era el secreto de este hombre discapacitado que trajo tanta crecimiento a esta iglesia? Fue entonces cuando el Señor le abrió los ojos espirituales y comprendió por qué. Mientras miraba a la congregación de lado a lado, de adelante hacia atrás, vio ángeles que estaban en posición de firmes, esperando sus órdenes para ministrar avivamiento a aquellas personas con hambre. Nunca había visto algo así y estaba tan asombrado por la manifestación del poder de Dios que se dio cuenta que hay una dinámica que se suelta en el Espíritu cuando uno sale del desierto. Su mente se dirigió inmediatamente a la porción de la Escritura, cuando Jesús mismo salió de una situación similar.

El diablo entonces le dejó; y he aquí vinieron ángeles y le servían.

(Mateo 4:11)

Uno de los ejemplos más grandes que Jesús dejó para nosotros se encuentra en esta porción de la Escritura. El Rey de reyes y Señor de señores, el creador del universo, se humilló a sí mismo durante cuarenta días de oración y ayuno. Creo que lo que condujo a Jesús al desierto para este tiempo de dedicación espiritual no era tanto que Él lo necesitaba. Creo honestamente que se humilló a sí mismo para establecer un precedente para que sigamos en nuestra vida espiritual, también nosotros podríamos ser tan exitoso como Él al salir del desierto.

Mi Entendimiento de Ángeles Cambió

Han pasado casi cuarenta años desde que mi entendimiento del ministerio de ángeles cambió. Ellos han sido encargados de ayudarnos en todas las formas posibles con su ministerio personal a nosotros, los hijos de Dios. Algunos se preguntarán a este punto en tiempo si el testimonio que he dado es en realidad algo que ocurre normalmente o es sólo de vez en cuando. Bueno, sólo puedo contar las cosas que he visto y oído, así que voy a terminar este capítulo con un testimonio que me sucedió hace un par de años.

Cuando yo estaba ministrando en California hace unos años, un movimiento especial de Dios sacudió a toda la congregación de la parte delantera a la parte trasera. Era el tipo de movimiento que Dios hace soberanamente de vez en cuando sin previo aviso. No tenía nada que ver con nuestra adoración ese día, ni la congregación se había preparado en oración excesivamente ni ayuno prolongado, era solo Dios demostrando su poder porque quería. A medida que la intensidad del servicio continuó creciendo, había una parte en que estaban bailando en el altar. Un joven, en particular, estaba en bendición cuando el Espíritu de Dios lo desmayo en el Espíritu. Después de esta demostración enorme del poder de Dios se calmó y llegó el momento de exponer la palabra, el joven quedó tendido de espaldas en el altar por el resto de la duración del servicio. Varias horas más tarde, cuando todo se calmó y el servicio fue despedido, el joven se acercó a mí y me dijo algo que nunca olvidaré.

Él dijo: "Hermano Pantages, mientras que yo estaba desmayado en el Espíritu aunque mis ojos estaban cerrados durante todo el tiempo, el Señor tomó la oportunidad para mostrarme lo que estaba pasando en el reino espiritual. Vi a un ángel gigante detrás de usted tratando de animarnos a soltar nuestra fe para ir a cosas más grandes y mejores. Había una mirada tan angustiada en su cara porque nosotros como el pueblo de Dios no podíamos aceptar la oferta de un gran éxito en nuestras vidas para que fuera un hecho diario. Después de un período de tiempo tratando de convencernos de este hecho, finalmente se rindió y se fue. "

Fuera del Desierto

Nunca he olvidado lo que ese joven me dijo ese día de su experiencia con Dios. Me entristeció pensar que siempre evitamos nuestra responsabilidad de dejar que Dios nos lleve a través de nuestras experiencias en el desierto. Preferimos jugar a lo seguro, como los soldados de Israel cuando el gigante Goliat estaba desafiando su existencia y fe. Es más fácil no hacer olas por miedo a caer, o tal vez a ahogarse, pero alguien tiene que pasar al frente y tomarle la palabra a Dios. ¿Está dispuesto a permitir a ángeles ministradores entren a su vida mientras que usted pasa a través de sus experiencias por el desierto? Todo lo que puedo decir es que si usted hace esta elección, usted nunca será igual otra vez.

EPÍLOGO

Tuve la oportunidad de que mi amigo Jeffrey Arnold revisara este manuscrito antes de que fuera enviado a imprimir. Cuando comenzamos a hablar de los detalles de mis escrituras me tomo por sorpresa sus observaciones. Su opinión era que no había explicado claramente los cómos y los porqués de ir más profundo en nuestra relación con el Señor. Me pareció que él estaba buscando un manual en el cual paso a paso le llevaría a una relación más profunda con Dios. Empecé a buscar al Señor para obtener una explicación, esto es lo que Dios me dijo:

"Las cosas profundas de Dios no se pueden pasar de una persona a otra, mediante enseñanza u observación. Deben ser recibidas personalmente de Dios a un nivel de uno a uno, teniendo en cuenta que cada experiencia en Dios será diferente. En lo que a Dios se refiere la consecuencia o el resultado puede ser el mismo para los que están en busca de una relación más profunda con Él. Sin embargo, el viaje siempre será distintivo y único. La confianza en Dios tiene que ser considerada como el atributo más valioso que un hijo de Dios tiene que tener en sus manos para que la perfecta voluntad de Dios pueda ser alcanzada. La famosa luz al final del túnel no será descubierta y vista a un primer vistazo. A su tiempo y con paciencia, la voluntad perfecta de Dios se desplegará ante nuestros propios ojos. Es en la audiencia del Rey que vamos a encontrar las preciosas verdades que no pueden ser ignoradas. Si estamos decididos a conocerle de esa manera, Él tomará el tiempo para mostrarnos Su gloria "

NOTAS FINALES

1. Merriman-Webster.com/dictionary/hearing
2. Merriman-Webster.com/dictionary/listening
3. Merriman-Webster.com/dictionary/knowing
4. Wikipedia.org/transverse myelitis
5. Merriam-Webster.com/dictionary/presumption
6. ask.com/wiki/catheter_ablation (an invasive procedure used to remove a faulty electrical pathway from the hearts of those who are prone to developing cardiac arrhythmias such as atrial fibrillation, atrial flutter, supraventricular tachycardia)
7. Wikipedia.org/wiki/Jim_Jones
8. Merriman-Webster.com/dictionary/presumption
9. Merriman-Webster.com/dictionary/paradigm shift
10. WhatIs.com/6° of separation
11. Adam Clarke's Commentary, Electronic Database. Copyright © 1996, 2003, 2005, 2006 by Biblesoft, Inc.
12. Pantages, George, *Unraveling the Mysteries of Faith*. Cedar Park, Texas, 2010
13. ask.com/wiki/chicken_game
14. etonline.com/dailyfirst/143214_Biggest_Loser_Scandal
15. (Interlinear Transliterated Bible. Copyright © 1994, 2003, 2006 by Biblesoft, Inc.
16. Cline, Austin Wilderness: Profile of the Wilderness, Frequently Described in the Bible
17. Merriman-Webster.com/dictionary/wilderness
18. http://blog.chron.com/thetexican

George Pantages Ministries

BOOKS AVAILABLE IN ENGLISH

LIBROS DISPONIBLES EN ESPAÑOL

 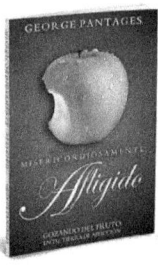   

GEORGE PANTAGES
Cell 512-785-6324
GEOPANJR@YAHOO.COM
GEORGEPANTAGES.COM